人類存在的意義

THE MEANING of HUMAN EXISTENCE

Edward O. Wilson

一個生物學家對生命的思索

愛德華．威爾森——著　　蕭寶森——譯

人類是如何誕生的？為何地球上會出現像我們這樣的物種？

我們在宇宙中是否有一個特殊的地位或命運？

我們要往哪兒去？為什麼？（這是最難以回答的問題）

我很高興也很榮幸有此機會為愛德華．威爾森的這本書，具名推薦。《人類存在的意義》，是他以從事螞蟻的研究及社會生物學的權威觀點來看，人類何以會造成「地球的第六次大滅絕」，及相關的思索，值得一讀。

——邵廣昭（中研院生物多樣性研究中心執行長）

威爾森的文字清晰、見解深刻，獨樹一幟。他分析了人類存在的意義以及我們與實體宇宙的關係，不僅具高度可讀性，也極有啟發性。他毫不費力的將哲學融入科學，鋪陳他對人類命運的理論，成就了一部大師級的作品。身為全球最傑出的演化生物學家，威爾森在書中跨越了科際的界限，針對人類的面貌和我們眼前所面臨的抉擇做了寶貴的分析。

——美國前副總統高爾（Al Gore, Jr.）

這本書雖然文字簡潔，卻非常有震撼力，尤其書中所提出的一個新穎論點更具說服力：人類若為了成為超人而改造自身的心智，將會是一個無比嚴重的錯誤。威爾森明白：人腦雖有其侷限，但卻足以構築我們所需的未來。這樣的「存在保守主義」使我們更有理由歡慶——人類本身就是一個奇蹟。

——比爾．麥奇本（Bill McKibben），《在機械化時代保持人性》（*Enough*）一書的作者

這是本告別之作……威爾森先生真是一個充滿生命力的作者。兩度獲得普立茲非文學獎的他，在眾多生物學作家之中鶴立雞群，就像約翰·勒卡雷超越其餘諜報小說作者般。他睿智、詼諧、生動又隱晦。

——德瑞克．葛納（Dwight Garner），《紐約時報》書評（*New York Times* Book Review）

兩度普立茲獎得主的威爾森以他一貫的優雅風格，精準且赤裸地探究人類存在的本質。

——出版人週刊（*Publishers Weekly*）

E．O．威爾森是達爾文最傑出的繼承人，身為科學家，他驚人的深度、廣度、經驗和才華帶給我們的，無異於對人類的全新認識……你將透過人類最偉大、最無畏的探險家之眼，看見人類存在的美好、神祕和無窮可能。

——傑佛瑞．薩克斯（Jeffrey D. Sachs），哥倫比亞大學地球研究所所長

這本書引導我們檢視人類物種的過去歷程和未來潛力，幾乎沒有寫得比它更好的書了……書中集結的專文文句優美，且足以引起論戰。

——提姆．連登（Tim Lenton），《自然》雜誌（*Nature*）

沒有別的生物學家比威爾森更堅持不懈、雄辯滔滔地導正我們對人類起源的錯誤認知……我們應該感謝威爾森，他在自己輝煌生涯的晚期，仍訴諸理性和想像力，試圖開啟我們對自然的認識，啟發我們改變自己的自毀之路。

——史考特．羅素．桑德斯（Scott Russell Sanders），《華盛頓郵報》（*Washington Post*）

威爾森問：人類在宇宙中具有特別的地位嗎？我們往哪裡去，為什麼？他藉由告訴我們科學界最新的創世故事來回答這個問題，提供一個深具啟發性和可信度的未來願景，這是項艱鉅的任務……威爾森是個徹底的樂觀主義者，也是堅定的現實主義者。我們對於一個先知的期待莫過於此了。

——約翰．霍根（John Horgan），《科學人》（*Scientific American*）

《人類存在的意義》推薦序

國立台灣大學哲學系教授　苑舉正

我大膽地說，所有與人相關的論述，沒有比本書書名更吸引人的；做為哲學家的我，當然也不例外。

本書作者，愛德華・威爾森，是全世界最重要的演化生物學家。他在哈佛大學執教多年，以研究螞蟻著稱，是該領域的權威。不只是生物學家，他還能夠運用專業知識將科學的領域延伸至新的學門，例如「生物地理學」與「社會生物學」。透過威爾森的著作，這些與生物學相關的新學門發光發熱的事實，促成本書提出一個這麼大膽與吸引人的題目。

全書分為五個部分。層次分明，自成系統。首先，作者以破題的方式，問我們存在的意義，以及為什麼人類會如此成功地存在於地球。接著本書談到了自然與人文學科的知識統合，並說明人類自詡的成就，在演化的歷程中其實是很渺小的。相較於人類所無知的世界，本書第三部分談到極小的費洛蒙分子與極大的外太空生命。本書第四章談到了心靈的幻象，直指人類甚至對於自我都不斷地欺騙。本書最後論及人類的未來，提到演化的適應之道，也指出我們應有的責任。

作者的背景，讓他從專業的角度，碰觸到所有人都會問的終極問題：存在的意義？不同於科學家以往採取的專業立場，威爾森問了一個非常哲學式的後設問題：當我們提到「意義」的時候，有沒有事先已經預設答案？這是哲學式的發問，因為它質疑一個我們習以為常的假設：意義就是使得存在擁有價值的理由。威爾森卻認為，我們的存在是無以計數的演化因素所促成的結果，而我們並不真正知道這些因素發生的理由與影響，因此在無知中討論「意義」是沒有意義的。

全書包含了三個重點：第一，我們存在的狀態完全來自於演化的結果，其中包含了新、舊、內、外。第二，在極度複雜的演化狀態中，我們經常很容易地誤認，超自然的要素是必要的，因為它們足以解釋我們現今存在的狀態。第三，綜合前面兩點來看，我們應該以維持開放與多元的態度，面對未來降臨在我們身上的風險與挑戰。

首先，在地球直到目前為止幾十億年的生命當中，物種的出現，包含植物、動物、微生物、病毒等等都是演化而來的。在這漫長的演化過程中，人類的出現只是其中的一個插曲；而人類主宰這個世界的歷程，只是這個插曲的剎那。從演化的角度來講，人類或許相較於其他物種而言，的確占據一個很特殊的地位。可是，這個地位並不能夠使我們存在於演化的過程之外。換而言之，無論史前史、現代人、人的內心世界以及人的外面貌都是演化的一部分。

說來令人難過，我們只是眾多猿猴種類的一個旁支，卻因為腦容量的擴充，而自詡為萬物之靈。每當我讀到這種觀點的時候，總是忍不住想到動物園看一看，猿猴到底與我有什麼不同。我坦承，就直立行走與用手抓物方面，可能黑猩猩與人的差別只是演化程度上的不同，但我不認輸。我的內心的世界呢？我的道德感呢？我每天對於好壞所作的判斷呢？這些都是演化出來的嗎？

本書的重點，恰巧是針對這個矛盾提出了「多層次擇汰」做為解釋。通常在演化生物學中，最大的困擾是自私與利他的衝突。所有個體都知道，自私可以鞏固生存機會的同時，但利他的道德感，卻能夠確保群體延續後代。道理不複雜，就是電視上播出的內容。可愛的鹿群在吃草的時候，總是有放哨的幾隻鹿犧牲吃草的機會，為其他夥伴注意有沒有獵食者的威脅。這些為了群體而從事利他行為的鹿，是怎麼樣做出這些合於道德的行為呢？

威爾森在本書中提出他的創見，個體與群體的雙層次擇汰理論。從個體的角度而言，自私確實有助於生存，但是從群體的角度而言，自私卻有害於群體的生存。兩者放在一起，重點不在於自私或利他的選擇，而在於每個人都無法逃離這種介於個體與群體之間的矛盾。對於威爾森而言，這個矛盾正好就是我們在道德的選擇上出現進退兩難的可能性。讀到這裡，我突然發覺，原來我經常面對的道德兩難，竟然是演化過程在我內心中所引發的效果。

我在震驚之餘中還發現，本書的第二個重點：我們對於演化歷程缺乏認知的結果，長期會假設一些心靈幻象，包含本能、宗教與意識。本書基於科學的立場，對於傳統哲學的論述提出挑戰。首先，人做為演化中的一部分，既不知道存在的目的為何，也不知道他擁有什麼能力存在於今天這樣的狀態。人不但渺小與無知，還經常不斷地假設，他具有理性的能力以及善用這種能力達到理想的狀態。這些都是傳統哲學倒因為果的講法，其目的在於說明，人是一個特殊物種；沒有這回事。

宗教是沒有根據的，但卻是有用的社會動員力。從演化的角度來講，宗教就是人類長期對於族群認同下的精神宣傳。在歸屬感的驅動之下，許多人借用超自然的理由，說明某一個特定族群受到神明的引導，卻拒絕演化理論在我們生活中所做的各項解釋。這些執迷不悟的人往往以意識，說明為什麼我們會有歸屬感、意志力、價值判斷與宗教需求。

對於意識的存在，本書並不否認，但拒絕將它當作一個神祕的對象。一本科學的基本立場，本書作者認為，雖然意識極為複雜，但許多神經科學家已經從事大量資料的分析與計算，想要從過往的記憶，眼前的經驗與未來的期待，三者共同解釋意識的背景。作者非常樂觀，認為這個解釋雖然困難，但是其成果指日可待。解釋意識的重點並不是如何應用它，而在強調意識並不神祕。

本書的第三個重點，即人類將如何面對未來。在說明人類的渺小、無知與自大之後，本書不斷地強調，人類在全球，甚至在全宇宙的物種裡頭，只是無關緊要的一部分。但是，因為許多人並不知道演化在存在狀態中所扮演的關鍵角色，以至於人類意識不斷地以錯誤幻象掩蓋他的無知。無知的人類自認知道如何存在於世界之中，卻在爭奪資源與利益的過程中，不斷地破壞了地球上的生物多樣性。

我們因為渺小，所以對於地球的物種所知甚少；因為無知，所以認為今天的用處就是永遠的好處；因為自大，所以把地球，甚至宇宙當成以人為中心的生活範圍，卻不知道，讓演化成為可能的關鍵要素往往是那些看不到的地方。作者說得很好，如果基於絕對乾淨的理由，清除掉我們身上那些看不到的寄生蟲的話，我們早就滅種了。說來弔詭，我們的渺小與無知，居然是我們還能夠生存的主要理由。

伴隨著自然知識的快速成長，作者誠摯地告訴我們，自然學科的知識成長極為快速，幾乎每十年都會有突破性的發展，可以預期終有將到達頂點的那一天。於此同時，人文學科的發展，卻正是方興未艾，急起直追的好時機。像「人類存在的意義」這種問題，必須要改弦更張，打破自然和人文學科壁壘分明的狀態，讓兩者結合為人類的知識。唯獨有這樣，我們才能夠從自然學科的知識成長裡，擷取資源，回饋在人文學科裡，驅逐幻象，充實存在，體會事實；人的未來，完全來自於積極面對演化所導致的各項結果。

這是一本讓人引發深思的好書，卻也是讓我這個依戀傳統的人感到茫然的著作。我承認作者在書中的權威性，但我讓本書衍伸出的許多問題，留給讀者自己回答。做為一個哲學家，我全心全力鼓勵所有人學習發問，而這本書正是一本讓現代人捫心自問的泉源。基於以上所述理由，我向國內讀者們，鄭重推薦此書。

目次

I 我們存在的理由 23

沒有史前史，歷史就沒有什麼意義；沒有生物學，史前史也沒有什麼意義。
有關史前史和生物學的知識正迅速增長，使得以下這兩個問題成為各界探討的焦點：
人類是如何誕生的？地球上為何會出現像人類這樣的物種？

1 「意義」的意義 24
2 解開人類之謎 31
3 演化與我們的內在衝突 43

II 知識的統合 51

自然與人文這兩大學科描述人類的方式雖然大相逕庭，
但兩者都源自同一個創意之泉。

4 新啟蒙時代 52
5 人文學科的重要性 70
6 社會演化的驅力 79

III 人類之外的世界 99

要了解人類存在的意義，最好的方式莫過於將人類與我們所能想到的其他生命形式做個比較，甚至透過推論的方式，和那些可能存在於太陽系外的生物做個比較。

7 費洛蒙的世界 100
8 超級生物體 116
9 銀河系為何是微生物的天下 128
10 外星人的模樣 138
11 生物多樣性的崩壞 153

IV 心靈的幻象 165

第一次啟蒙運動主要的成就之一是法藍西斯·培根確認了人類知性上的弱點，但現在我們可以從科學的觀點來解釋這些弱點，賦予它們新的定義。

12 本能 166
13 宗教 180
14 自由意志 194

V 人類的未來

在這個科技時代，自由有了一個新的意義。就像孩童長大成人一樣，我們有了遠比從前更多的選擇，但同時也因此承擔了更多的風險與責任。

15 獨自在宇宙間自由生存 210

附錄 229

謝詞 250

I

我們存在的理由

沒有史前史，歷史就沒有什麼意義；沒有生物學，史前史也沒有什麼意義。有關史前史和生物學的知識正迅速增長，使得以下這兩個問題成為各界探討的焦點：人類是如何誕生的？地球上為何會出現像人類這樣的物種？

1 「意義」的意義

人類在宇宙中有沒有特殊的地位？我們每一個人的生命有何意義？我相信我們如今對宇宙和人類已經有了足夠的認識，可以提出這些問題，並且得到可以驗證的答案。我們可以用自己的眼睛來透視那面黝暗的鏡子，實現先知保羅的預言：「如今我所知道的有限，但那時候就要完全知道了，就像我已經被完全知道那樣。」然而，到目前為止，我們在宇宙中的地位和人類存在的意義，絲毫並未如同保羅所預期一般顯現出來。讓我們來談談這個問題，讓我們一起來想一想。

為了尋求答案，讓我們共同踏上一段旅程。在這段旅程中，請容我擔任你們的嚮導。這一路上，我們將先探索人類的起源及我們在生物界的位置（這些問題我曾經在另外一本書《社會如何征服地球》〔*The Social Conquest of Earth*，暫譯〕中探討過）。然後，我們將輪流從自然科學和人文科學的角度來探討一個比較難的問題：「我們將往何處去？」以及另一個最難的問題：「何以如此？」

我認為，我們如今應該可以試著整合「自然」與「人文」這兩大知識領域了。如果能夠得到一些幫助，人文學者是否願意涉足科學的領域？與其以一人的心力編造科幻小說中虛構的異想國度，他們是否願意探索集結眾多科學人的心智所呈現的新世界——一個遠比前者更多采多姿的真實世界？詩人與視覺藝術家們是否願意跨越他們平素的夢想範疇，在真實的世界中探尋那些從來不曾被探索過的面向、深度和意義？他們會不會有興趣了解尼采在《人性的，太人性的》（*Human, All Too Human*）所指的「位於知識與想像領域外圍的繽紛彩虹」究竟是何等模樣？若要尋求意義，這彩虹地帶乃是我們應該前往的所在。

「意義」這個字眼一般指的是「意向」，而「意向」代表有某種「規劃」。

既有「規劃」，背後當然有著一位「規劃者」。這意味著任何一個個體、過程或事物之所以存在，是這位規劃者為了達到某種目的而刻意製造的結果。這是目前各宗教組織的世界觀——尤其是他們的創世論——的核心。根據這樣的觀點，人類之所以存在是為了達成某個目的。每個人之所以來到世上也有其目的。無論人類全體或個人的存在都有其意義。

但「意義」這個字眼還有另一個更廣泛的意涵。它代表了一個很不一樣的世界觀：意義源自歷史上的偶然事件，而非規劃者的意向，也就是說：沒有事先規劃這一回事。一切都是各種自然因果關係層層交疊作用的結果。歷史只是根據宇宙的通則來發展。每一個事件都是隨機發生的，但卻會改變後來事件發生的機率。舉例來說，在生物演化的過程中，物種為求生存而發展出的某種適應環境的策略，會使得其他若干適應策略更有可能出現。這種闡釋人類和其他生物的存在「意義」的概念，乃是科學人所抱持的世界觀。

在無數種可能性當中，宇宙和人類為何會演變成現今的局面，這當中存在著第二種意義（也是包含更廣的一種意義）。但是在過去的年代中，當愈來愈多複雜的生物個體和過程相繼出現時，生物的行為愈來愈表現出目的性，因此具有了第一種意義，如最早的多細胞生物只有感覺系統和神經系統，後來逐漸發展成具有組織能力的大腦，最後便出現了可以實現意向的行為。無論蜘蛛有沒有意識到牠織網的行為會有什麼結果，牠之所以編織蜘蛛網乃是為了要捕捉蒼蠅。這便是蜘蛛網存在的意義。人腦也是根據同樣的道理演化出來的。一個人所做的每一項決定都具有目的上的意義。但是做決定的能力以及這樣的能力是如何形成、為何形成，以及它會產生什麼樣的結果，則是屬於較廣泛的、科學上的意義。

當人類有了做決定的能力後，也必然有能力可以想像未來的各種可能性，並且進行規劃，並在這些可能性中做選擇。這是人類獨具的能力。至於我們能把這種能力運用到什麼程度，則要看我們對自己是否有正確的認識。對我們而言，最重要的問題是：我們是如何變成現在的模樣的？何以如此？其次便是：我們對未來的各種展望具有什麼樣的意義？

科技的進步將使我們面臨一個道德困境（這是自從上帝阻止亞伯拉罕殺死他自己的兒子以來，人類所面臨的最大的一個道德困境）：我們要把人類的基因型翻修到什麼程度？很多？一點點？還是完全不要？我們將來勢必得在這方面做出選擇，因為在這個科技時代，人類已經開始跨越了一個最為重要、但卻絕少受到檢視的門檻。我們即將揚棄那創造出人類的「物競天擇」的法則，憑著我們的意志來篩選，藉以決定人類演化的方向，也就是說：我們將根據自己的意願來改造人類的生物特徵和人性。果真如此，今後某些基因（更確切的說，應該是「等位基因」，也就是同一個基因的兩種不同形式的編碼）之所以會比其他基因更加普遍，不再是由環境因素（其中大多數是人類無法控制、甚至無法理解的）所造成。這意味著：我們將得以選擇要保留哪些基因，以便獲致我們所想要的特性，例如更加長壽、記性更好、視力更清晰、性情更溫和、體能更棒、體味更好聞等等。

在生物學上，我們經常必須解釋一個生命過程是「如何發生」、「為何發生」的，並將這兩者分別稱為「近因」和「遠因」。舉個例子，我們有兩隻手和十根手指，並且會用它們來做這個、做那個，這叫做「近因」。而「遠因」則是我們為什麼會有兩隻手和十根手指，又為什麼會用它們來做這個、做那個，而不去做別的事情。我們發現，身體構造和種種情緒會驅使我們從事某些活動。這是在說明「近因」；當我們試著回答「為什麼我們會有這種身體構造和這些情緒，而不是別的？」這個問題時，我們就是在解釋遠因。要說明人類的境況並藉此找出人類存在的意義，我們必須同時解釋「近因」和「遠因」。

在後面的篇章中，我探討的是人類之所以會存在的第二種（也是更廣泛的一種）意義。我認為人類的出現與外力無關，完全是演化過程中一連串事件所累積而成的結果。我們並沒有任何既定的目標要達成，也無須對任何外力負責。我們唯有認清自我，並藉此得到智慧，才能得救。光靠虔誠的信仰是無濟於事的。所謂來自天上的救贖或「重生的機會」（second chance）並不存在。我們所能居住的星球只有一個，所要展現的意義也只有一個。在這趟旅程中，我們要跨出這一步，要了解人類的境況，就必須以一個遠比過去更寬廣的方式來定義所謂的「歷史」。

2 解開人類之謎

要理解現今人類的境況，我們必須明白人類這個物種在生物界中演化的過程，以及導致它演變成史前人類的種種情況。這是一項很重要、也很艱難的工作，不能完全交由人文學科來承擔。人文學科的許多分支（從哲學、法律到歷史和創造性藝術等等）已經以各種方式反覆描述了人性的種種特質。儘管其中不乏才華洋溢、精細優美的作品，但它們並未解釋為何在諸多我們所能想像到的特性當中，獨獨人類具有這些（而非其他）特質。從這樣的角度來看，人文學科迄今尚未——也將永遠無法——完全掌握人類存在的意義。

那麼，就我們所知，人類究竟是什麼樣的生物？要解開這個巨大的謎題，關鍵在於人類誕生的環境與過程。人類之所以會臻於現今的狀況，乃是歷史的產物。此處所謂的歷史不僅是指六千年的文明，也包括在此之前的數十萬年。我們必須以整體的眼光來探討人類這段期間在生物學和文化上的演進，才能徹底解答這個謎題。也唯有以這樣的縱深來檢視人類的歷史，我們才能了解人類如何興起並存活至今，且其原因何在。

大多數人喜歡把歷史解釋為某種超自然力量所規劃的產物，並認為我們應該禮讚這樣的力量。但隨著我們對真實世界的知識不斷擴充，這樣令人安慰的解釋已經愈來愈無法成立了。如果以科學家的人數和科學期刊的數目來衡量，在過去這一百多年間，科學的知識每十到二十年就增加一倍。在過去，人類存在的意義是由宗教界（透過有關創世的故事）及人文學界所共同賦予的，但時至今日，科學界與人文學界應該考慮彼此增益，共同為人類存在之謎尋求一個更站得住腳的答案。

首先，我要指出的是：生物學家已經發現，人類發展出高等社會行為的模式與其他動物類似。在針對成千上萬種動物（從昆蟲到哺乳動物都有）進行比較與研究之後，我們得出了一個結論：再複雜的社會體系都是從「真社會性」（eusociality）發展而來。所謂「真社會性」，簡單的說，就是指一個社會該有的狀態。就定義上來說，一個具有「真社會性」的群體，其成員會與不同的世代共同照顧幼體，同時成員之間會分工，由某些成員放棄自身的繁殖機會（至少是一部分的繁殖機會）以期增進其他成員繁殖成功的機率（一生的生育數量）。

從幾個方面來看，「真社會性」的出現可說是一個奇特的現象。首先，這種情況極其罕見。就我們目前所知，過去這四億年間，在陸地上數十萬種動物當中只有十九種（分別出現在昆蟲、海中的甲殼綱動物，和生活在地下的齧齒類動物）演化出「真社會性」。即便加上人類，也只有二十種。當然，由於抽樣誤差，實際的數字可能遠高於此，但即便如此，我們仍然可以斷言，發展出「真社會性」的動物相對來說數量還是很少的。

除此之外，已知具有「真社會性」的物種都是在非常晚期才出現的。在距今三億五千萬到兩億五千萬年前的「古生代」，昆蟲種類暴增，已趨近現今的數量。但在那段時期，並沒有任何「真社會性動物」出現。至於「中生代」，目前也沒有任何證據顯示，在那段期間曾有「真社會性」的物種存活在地球上。一直要到距今兩億年到一億五千萬年前，才有最早的白蟻和螞蟻出現。人屬（Homo）也是在「舊世界」（Old World）的靈長目中演化了數千萬年之後，才在晚近出現。

儘管出現得晚，但動物在發展出具「真社會性」的高等社會行為後，卻開始在生物界中大放異彩。在已知的十九種「真社會性」動物中，只有兩種屬於昆蟲類（螞蟻和白蟻），但牠們卻稱霸整個地球的陸上無脊椎動物。在目前已知一百萬種現有昆蟲中，螞蟻和白蟻的種類雖然不到兩萬種，卻占了全世界昆蟲體重的一半以上。

回顧「真社會性」動物的發展史，我們不免會產生一個疑問：既然「真社會性」有這麼大的好處，為什麼這種高等社會行為如此罕見，又發展得如此之晚？答案似乎是：動物在演化過程中必須做出一連串特殊的改變，才能跨出邁入「真社會性」的最後一步。在研究人員迄今所分析過的所有具「真社會性」的物種中，邁向「真社會性」的最後一步，便是建造一個可以遮風避雨的窩巢，然後其成員再以此為據點出外覓食，並在窩巢內養育其幼體，直到牠們成熟為止。最初建造這種窩巢的可能是一隻雌性動物，也可能是一對已經交配的伴侶，或一小群組織鬆散的動物。窩巢造好之後，只要親代和後代一起留在其中，合作養育更多世代的幼體，一個具「真社會性」的群體就形成了。之後，這類原始群體的成員很容易就會分成兩大類：一類是喜愛冒險的食物採集者，一類是為了養兒育女、不願冒險的親代及照護者。

然則，靈長類動物是如何發展出這罕見的「真社會性」？古生物學家發現其實原因很簡單。在非洲，大約兩百萬年前，以素食為主的南猿人中，有一個物種改變了飲食習慣，開始吃肉，而且對肉的依賴比過去高多了。由於肉類雖然能夠供應很多能量，但來源卻很分散，因此牠們如果要像今天的黑猩猩或巴諾布猿（Bonobo，或稱倭黑猩猩）那般一整群攜老帶幼、組織鬆散地到處覓食，是很沒有效率的一件事。倒不如找一個營地（也就是窩巢）定居下來，再派一些成員出去打獵，並把牠們捕獵或撿拾到的肉類帶回去和大家分享。而這些負責狩獵的成員所得到的回報，則是有人幫牠們守護營地並照顧牠們的下一代。

社會心理學家在研究了現代人類（包括那些目前仍以狩獵、採集維生的部落，他們的生活形態讓我們可以一窺人類的起源）之後，做了以下的推論：古代的靈長類動物在開始打獵並有了固定的營地之後，心智能力也開始成長。牠們開始重視人際關係，團體成員彼此既競爭又合作。由於情勢不斷變化，需要費力因應，因此其難度遠比大多數動物社會那種到處漫遊、組織鬆散的生活方式更高。

牠們需要有足夠好的記性，才能評估其他成員的意圖，預測牠們時時刻刻可能會有的反應。最重要的是，牠們必須有能力想像、並在心中演練未來與他人互動時可能會發生的各種情景。

在有了固定的營地之後，這些人類祖先的社會智能就像無止境的棋賽一般不斷進化，到了今天已經達到了演化的終點。如今我們已經可以毫不費力地啟動我們那巨大的記憶庫，連結過去、現在與未來。這讓我們得以評估與他人結盟、競爭、建立親密關係、發生性行為或支配、欺騙、效忠、背叛他人的可能性與後果。同時，我們心中的舞台會本能地不斷上演他人的故事，並且喜歡將這些故事述說出來。其中最好的部分，就成了創造性藝術和政治理論等等如今被我們總稱為「人文學科」的高等活動。

我們智人最明確的演化起點是二百萬年前的巧人，或與巧人極為親近的物種。在巧人家族出現之前，古人類只是動物而已。大體而言，他們以植物維生，具有類似人的身體，但是腦容量與黑猩猩無異，不超過六〇〇C.C.。而從巧人開始，腦容量突然增加了，巧人是六八〇C.C.，直立人九〇〇C.C.，智人一四〇〇C.C.。人類腦量的增加，是生命史上複雜組織快速演化的少數例子之一。

然而，光是一群靈長類動物罕見地聚在一起、相互合作，並不足以解釋為何牠們會發展出如此大的腦容量，並逐漸演化為現代人，具有如此高強的能力。因此，演化生物學家也試圖找出，人類之所以會演化出如此高等社會行為的主要原因：究竟是什麼樣的力量和環境因素，使得這些具有高度社會智能的動物有了更長的壽命和更高的繁殖率？關於這點，目前有兩個不同的理論。第一個理論認為這和「親屬選擇」（kin selection）有關：由於個體會幫助其旁系親屬（除了自己後代之外的親戚），使得同一團體的成員之間比較容易發展出利他行為。當個體對團體中所有成員表現出的利他行為，平均來說可以增加——而非減少——它所傳給下一代的基因數量時，這個團體就有可能會發展出複雜的社會行為。在這個過程中，個體的生存與繁衍所受到的整體影響，就被稱為「總括生殖成就」（inclusive fitness，亦譯做整體適存度、整體適應度）。主張一個團體是因此而逐漸演化的學說，被稱為「總括生殖成就理論」。

第二種、也是晚近提出的一種理論（在此聲明：我是這種理論的創始人之一）則主張：促使人類演化出高等社會行為的主因是個體的「多層次擇汰」（multilevel selection）。此一理論認為「自然擇汰」分成兩個層次運作。一個是個體的擇汰，也就是個體在和同一群體的其他成員競爭、合作時發生擇汰的現象；另一個則是群體的擇汰，也就是一個群體和其他群體在競爭、合作的過程中所發生的擇汰現象。當不同的群體之間發生暴力衝突，或者為了尋找並得到新的資源而相互競爭時，就有可能發生「群體擇汰」。目前已經有愈來愈多的演化生物學家支持「多層次擇汰」理論。這是因為近年有數學分析資料證明：「親屬選擇」只有在特殊狀況下才能運作，而且這些狀況極為少見。此外，在實際的案例中，

「多層次擇汰」理論可以適用於所有已知具「真社會性」的動物身上，但「親屬選擇」儘管在理論上說得通，但在現實世界中卻比較——甚至根本——不適用。（我將在後面的第六章中，更進一步討論這個重要的題目。）

當我們仔細檢視人類的社會行為時，便可以明顯看出「個體擇汰」和「群體擇汰」的影響。舉個例子，人們總是對周遭人物的一言一行具有濃厚的興趣。從原始部落的營地到皇室的宮廷，人與人之間的談話內容往往都是在論人是非、說長道短。我們的心靈就像一張千變萬化的地圖，不斷標記著群體裡的其他成員和群體外的若干人士的狀態，逐一評估他們讓我們信任、喜愛、憎恨、懷疑、景仰、羨慕的程度，以及他們和我們交往的可能性。我們渴望加入團體，必要時我們甚至會自行組成團體。這些團體有各式各樣的據點，或重疊，或不同，可能很大，也可能很小。幾乎所有的團體都會與其他類似的團體產生某種形式的競爭。無論我們以多麼溫和的方式表達，無論我們的語調多麼寬厚，我們往往會認為自己所屬的團體比其他團體優越，並且將自己定位為團體的成員。根據考古學的資料，自從史前時期以來，社會與社會之間一直都有互相競爭的現象，其中包括軍事上的衝突。

在了解「智人」之所以產生的主要原因之後，自然科學與人文學科的交會才有可能產生比較豐碩的結果。一旦有夠多的人士徹底認清整合這兩大學科所可能產生的效益，這將會造成巨大的影響。在自然科學方面，人們將會以不同的眼光來看待遺傳學、大腦科學、演化生物學和古生物學。在課堂上，學生們除了學習傳統的歷史學科之外，也將學習史前史，因為這兩者共同組成了這個世界最壯麗的史詩。

除此之外，我們在自負之餘，也要更嚴肅認真地檢視人類在大自然中的位置，學習謙卑。人類儘管在生物圈中高高在上，具有出眾的智力，也是唯一能夠感受到敬畏、具有驚人想像力的生物，但我們仍然是地球上眾多動植物當中的一分子，在情感和生理上都與它們密不可分，並且和它們有深刻的歷史連結。如果我們把這個星球當成前往某個更好的世界的中途站，那將會是一個非常愚蠢的想法。同樣的，如果我們把地球變成一艘由人類設計的太空船，地球也將無法永續存在。

人類的存在或許比我們所想像的更加簡單。沒有既定的宿命，沒有深邃難解的生命奧祕，也沒有競相要我們宣誓效忠的魔鬼和神祇。我們只不過是靠著自己的努力適應環境，因而得以在這個生物世界中存活的一個獨特物種，獨立而脆弱。若欲永續存活，我們就必須敢於突破現今仍存在於社會（包括那些已經極為民主的社會）的制約，秉持獨立思考的精神與理性，好好地認識我們自己。

3 演化與我們的內在衝突

人類是否本性良善但有可能被邪惡的力量所腐化？抑或本性邪惡但可以靠著善的力量得到救贖？我們是否天生就是團體動物，甚至會不惜為了大我的利益而犧牲小我的性命？還是我們會自動將自我和家人的利益擺在第一位？科學研究（其中有一大部分是在過去這二十年間所做的）的結果顯示：我們同時具有這兩種特質。我們每一個人在本質上都是充滿矛盾的。該顧全大局、同流合汙，還是應該勇於揭發團體內部的弊端？應該老實招認自己違反了交通規則，還是矢口否認？既然談到了這個，我不得不承認我自己也有類似的矛盾。當一九七八年卡爾・薩根（Carl Sagan）贏得普立茲獎「非小說類」的獎項時，我認為這個獎對科學家來說並不算什麼，不值一提。但奇妙的是：當我在翌年獲得同一獎項時，它卻忽然成了一個重要的文學獎項，值得科學家們特別注意。

我們都是由各種不同的基因組成的拼裝車，既是聖徒也是惡人，既追求真理，也有虛偽的時候。這並不是因為我們無法達到某個宗教或意識形態上的理想境界，而是因為這就是人類歷經數百萬年演化之後的模樣。

請不要誤會。我的意思並非人類就像動物一樣完全受到本能的驅使。但如果要了解人類的境況，我們就必須承認人類確實具有若干本能，同時應該將遠古人類納入我們考量的範圍。要做到這點，光靠研究歷史是不夠的。歷史所記錄的都是人類具備讀寫能力以後的事，在此之前所發生的事乃是考古學研究的範疇，至於更早的時期，就成了古生物學探索的領域。要真正了解人類的故事，我們必須同時追溯生物的歷史和文化的歷史。

就生物學而言，解開人類之謎的關鍵在於，我們要找出是什麼樣的力量使得人類祖先的社會行為得以演進到人類的層級。目前最有可能的一種力量便是「多層次擇汰」。動物透過「多層次擇汰」所遺傳到的社會行為不僅提升了個體在團體中的競爭力，也提升了團體本身的競爭力。

在生物演化的過程中，自然擇汰的單位並不是個別的生物或群體（這只是某些科普作家的誤解），而是基因（更準確的說：是等位基因，也就是同一個基因的各個不同形式）。自然擇汰的對象乃是這個基因所表現出來的特性。這個特性如果只關係到個人，那該特性會在群體內或群體外的人際競爭中遭到擇汰。假使這個特性影響的是個人與群體中其他成員的互動（如溝通與合作），它則會在群體與群體之間的競爭中遭到擇汰；一群互不合作又不擅溝通的個體一定會輸給那些比較有組織的競爭者。這樣在經過幾個世代之後，輸家的基因會愈來愈少。在動物界，「群體擇汰」的結果很清楚地表現在螞蟻、白蟻等社會性昆蟲的精密階級制度中，但在人類社會中也可以看得到。「群體擇汰」的概念並不是一個新的說法。達爾文就曾經分別在他所寫的《物種起源》（*On the Origin of Species*）和《人類的由來》（*The Descent of Man*）這兩本書中推斷「群體擇汰」在昆蟲和人類的演化中所扮演的角色。

在針對這個主題進行多年的研究之後，我深信在群體與群體之間相互競爭的情況下，「多層次擇汰」乃是動物（包括人類在內）發展出高等社會行為的主要力量。事實上，這類經由「群體擇汰」而演化出來的行為，已經如此根深柢固地成為現代人類特質的一部分，以至於我們往往會認為它們就像空氣與水一樣，原本就已經存在。但它們其實是人類獨具的特性。其中一項便是我們對他人所懷抱的那種近乎偏執的強烈興趣。這種特質在生命的初期——當嬰兒學習辨識周遭成人特有的氣味和聲音時——就已經顯現出來。心理學家所做的研究已經發現：正常的人類都非常善於解讀他人的意圖，並藉著這樣的能力來評估、說服、控制他人、談論他人的是非，並與人連結、合作。每一個人在他的社會網絡中運作時，幾乎都會不停地回顧過往的經驗，並同時想像未來可能發生的後果。許多社會性動物都具有這樣的社會智能，但以黑猩猩和巴諾布猿（我們的近親）最為發達。

人類另外一個經由「群體擇汰」演化出來的高等社會行為便是：我們和大多數社會性動物一樣，具有想要隸屬於某個（或某些）團體的強烈本能。我們如果被迫與人群隔離，就會感到痛苦，甚至可能因此發瘋。一個人所隸屬的團體（也就是他的「部落」）是他的身分認同中很重要的一部分，也會讓他產生某種程度的優越感。當心理學家將一群志願受試者隨機編成幾組，讓他們進行簡單的競賽時，儘管所有參與者都知道編組的方式是隨機的，但每一組的成員很快便覺得其他幾組的成員能力比較差，也比較不值得信任。

當所有條件都相等（幸好在大多數時候情況並非如此）時，人們往往喜歡和那些長相與自己類似、和自己說同樣的方言，或有同樣信仰的人在一起。這種傾向如果過度發展，很容易就會形成種族主義和宗教上的偏見。這時，即便是好人也很可能會做出壞事。我在這方面有親身的體驗，因為我是一九三〇到四〇年代在美國南方長大的孩子。

或許有人認為：人類既然如此特殊，在地球的生物史上又出現得如此之晚，因此有可能是某個神祇所創造出來的。但正如我先前所強調的，嚴格說來，人類所發展出的社會行為其實一點也不獨特。到目前為止，生物學家們已經發現，有二十種現存的動物表現出以利他式的分工為基礎的高等社會行為，其中大多數是昆蟲，有好幾種是海裡的蝦子（牠們各自發展出這樣的行為），有三種是哺乳類動物，包括非洲的兩種濱鼠和我們人類。這些動物全都經由同一個模式發展出高等社會行為：單一的個體、一對配偶或一小群個體開始建造窩巢，並以此為根據地到外面去覓食，並以這些食物逐漸將牠們的後代撫養長大。

直到大約三百萬年前，智人的祖先大部分是素食者，他們很可能成群移動，專門找有水果、地下根莖與其他植物食物的地方棲息，食物採集光了再另找覓食地點。他們的腦子比黑猩猩大不了多少。然而，到了五十萬年前，智人的祖先物種直立人，已經成群地生活在營地中，而且能生火——那相當於巢。（編注：有巢氏）他們外出覓食，將食物帶回營地，肉占的比例很高。他們的腦量已經介於黑猩猩與現代人之間。這個趨勢似乎在一百五十萬或二百五十萬年前就開始了，那時智人更早的祖先巧人逐漸轉向肉食。在同一個地點，社群中人聚在一起生活，加上合作建設營地與狩獵的經驗，社會智力於是乎增長，記憶中樞與前額葉的推理能力也增長了。

很可能就在這段時期，「個體擇汰」（個體和同一群體內的其他個體競爭）和「群體擇汰」（群體與其他群體競爭）這兩種力量之間發生了衝突。後者會使同一群體的所有成員懷抱利他精神，相互合作，並產生道德意識、良知與榮譽感。簡而言之，這兩股力量之間的衝突在於：在同一個群體內，自私的個體會擊敗具有利他精神的個體，但由利他主義者所組成的群體，會擊敗由自私的個體所組成的群體。說得更簡單一些：個體擇汰會助長邪惡，群體擇汰則會增強美德。

史前時期這段「多層次擇汰」的演化過程，使得人類的心中永遠充滿了矛盾與衝突，不時在這兩股極端的演化力量之間游移。我們不可能完全屈服於其中任何一種力量，因為它們都不是解決我們的社會與政治問題的理想方式。如果我們完全聽任「個體擇汰」的本能驅使，則整個社會終將瓦解。反過來說，我們如果完全臣服於「群體擇汰」的驅力，則會變成天使一般的機器人，如同一群特大號的螞蟻。

因此，人類內心永遠存在的善、惡衝突，並非上帝用來考驗人性的手段，也不是撒旦的陰謀，而只是自然演變的結果。在這整個宇宙中，要演化出像人類這樣高的智商、這麼複雜精密的社會組織，或許也只能透過這樣的方式。我們最終勢將找到一個方法，來和我們內心固有的這種善惡衝突和平共處，或許還能將它視為我們的創意泉源，欣然接納。

II

知識的統合

自然與人文這兩大學科描述人類的方式雖然大相逕庭，
但兩者都源自同一個創意之泉。

4 新啟蒙時代

我們先前已經從生物學的觀點探索了「人性」究竟從何而來，並據此推論，人類的創造力有很大的一部分是源自「個體擇汰」與「群體擇汰」之間必然存在且無可避免的衝突。這樣的解釋具有統整性。我們將由此進入下一階段的旅程，那便是：體認科學與人文具有共同的基礎，兩者最終都可以用自然界的因果法則來解釋。這樣的主張你或許似曾相識。事實上，西方文化已經走過這條路，那便是「啟蒙運動」。

十七、十八世紀期間，西方的知識界盛行所謂的「啟蒙運動」。這個概念在當時洶湧澎湃、形成一股銳不可當的風潮。有許多人甚至認為，這是人類註定要走上的一條道路。這段期間接連出現了許多以科學（當時稱為「自然哲學」）法則來解釋宇宙和人類的意義的學者。他們認為，「科學」與「人文」這兩大領域的知識，都可以用一種連續性的因果關係來解釋。當所有的知識都以事實與理性為出發點，去除所有迷信的成分時，就可以整合起來，形成法蘭西斯．培根（Francis Bacon）——「啟蒙運動」最偉大的先驅——所說的「人的帝國」（the empire of man）。

「啟蒙運動」的中心思想是：人類完全可以憑藉一己之力獲得所有必要的知識，理解各種現象，並因而得以做出比以往更加明智的選擇。

然而，到了十九世紀初期，這個夢想開始動搖，培根的帝國也為之退卻。理由有二：首先，科學家們得出新發現的速度雖然愈來愈快，但仍遠遠不符那些啟蒙運動思想家的熱切期待。其次，這樣的差距使得那些浪漫主義文學的創始人（其中包括史上最偉大的幾位詩人）不願認同「啟蒙運動」的世界觀，並開始透過其他較個人化的事物尋求意義。他們認為，人們內心深處的感受是科學碰觸不到的，只能透過藝術創作來表達。當時有許多人相信：人類如果完全仰賴科學知識，將會大大限縮自身的潛能。事實上，至今仍有人抱持這樣的態度。

在「啟蒙運動」過後，這兩百多年來，科學與人文一直各走各的道路。當然，仍有物理學家樂於參加弦樂四重奏，也有小說家撰寫各種作品讚嘆科學家們所揭露的奧祕，但大多數人都認為這兩種「文化」（這是二十世紀中葉對這兩大知識領域的稱呼）在人們心中永遠隔著一道鴻溝，而這或許是人類存在的本質。

無論如何，在「啟蒙運動」逐漸式微的這段漫長的時期，學界並沒有時間思考如何整合科學與人文的問題。為了因應大量湧來的資訊狂潮，科學的分科很快地變得愈來愈細，藝術創作領域也依舊蓬勃發展，不斷以各種傑出、獨特的方式來表達人類的想像力。整合科學與人文這兩大領域的想法已經變得陳舊過時，而且根本不可能達成，因此也很少人有興趣嘗試再次推動。然而，並沒有證據顯示「啟蒙運動」是一個無法實現的理想。事實上，它並未消逝，只是時間被推遲了。

時至今日，再度推展這項運動是否有任何益處？有沒有成功的機會？針對後者，答案是肯定的，因為現在我們所擁有的知識已經夠多，所以這樣的目標應該比過去更容易達成。針對第一個問題，答案也是肯定的，因為要解決現代社會的諸多問題，我們就必須解決不同宗教之間的衝突、道德觀念含糊不清、環保主義基礎薄弱等問題，更重要的是我們要回答「人類的存在有何意義」這個大哉問。

研究科學與人文之間的關係應該成為各地通識教育的核心，無論攻讀自然科學或人文學科的學生都應該修習。當然，要做到這點並不容易。無論在學術界或知識界，大家所能接受的理念和做法都不相同。西方知識界是由一群死硬派的專家所統轄。舉個例子，我曾經執教四十年的哈佛大學在選擇新的教師人選時，最主要的標準便是候選人是否已經在某一專門領域裡成就斐然，或未來是否可能有卓越的表現。各系所的遴選委員會先針對可能的人選進行審查，然後再向各院的院長推薦合適的人選，最後再由校長做出決定。校長會徵詢一個臨時委員會的意見，而該委員會是由校內外的若干專家所組成。他們在這個過程中所提出的一個最關鍵的問題便是：「這個候選人在他所屬的專門研究領域中是不是頂尖的？」但在教學方面，他們的標準幾乎都很寬鬆：「這個候選人是否可以勝任？」總的來說，他們的邏輯是：只要把夠多的世界級專家集合起來，便會自動形成一個知識上的「超級生物體」（superorganism），可以同時吸引學生和金主。

然而，光是把不同領域的專家湊在一起，並無法產生有價值的創造性思想。最成功的科學家思考時像個詩人——上天入地，有時甚至荒誕不經——工作時像個簿記員，而世人所看到的只是他的第二個面向。科學家在科技期刊發表報告或在專業會議中演講時，總是會避免使用隱喻。他的用字措詞會很謹慎，以免別人說他的語言華而不實或太過詩意。偶爾他可能會使用少數較為強烈的字眼，但那只限於在序言中的段落及提出數據之後的討論，或是為了澄清專業上的某個概念，但主要目的絕不是在激發人們的情感。他所使用的語言永遠必須嚴謹克制、以可論證的事實為基礎，並且合乎邏輯。

相形之下，詩詞和其他創造性的藝術則是另外一個極端。在這個領域中，隱喻乃是最重要的。作家、作曲家或視覺藝術家往往會拐彎抹角地以抽象或故意扭曲的方式，來傳達他對某件事物——無論是真實的或想像出來的事物——的看法，以及他希望藉此喚起的感受。他想以具創意的方式呈現有關人類經驗的真相，並嘗試直接透過「人類的經驗」這個管道，將他所創造出來的東西從他的心靈傳達到你的心靈。人們會根據他隱喻中所含有的力量與美感，來評斷他的作品。他所服膺的是一句據說出自畢卡索的格言：「藝術是讓我們看見真相的那種謊言」。

這些創造性藝術以及許多分析這類作品的著作儘管手法大膽、形式創新，有時也會產生驚人的效果，但就某個重要的面向而言，其內容可說千篇一律，不僅主題雷同，所描摹的原型和情感也都不出那幾種。然而，身為讀者的我們並不介意，因為我們已經習慣以人為中心，對我們自己以及他人具有永遠無法饜足的興趣。即便受過高等教育的人士，也都盡情閱讀小說、電影、音樂會、體育比賽和各種八卦消息。一方面，我們根據自己所熟悉的人性特質，來描述其他動物的情感和行為，另一方面又用可愛的動物（甚至包括老虎和其他凶猛的肉食性動物）漫畫來教導我們的孩童認識其他人。

我們人類對自己、對我們認識或想要認識的人，具有永遠無法饜足的好奇心。這樣的特質早在靈長類演化的初期、人類尚未誕生之際就已經形成。舉個例子，科學家們已經發現：當被關在籠子裡的猴子獲許觀看外面的事物時，牠最先注意的對象一定是其他猴子。

我們之所以對人有如此濃厚的興趣，是因為我們需要磨練自己的社會智能。

相較於地球上的其他物種，人類乃是社會智能方面的天才。當非洲古人類演化成「智人」之後，他們的大腦皮質愈來愈發達，社會智能也跟著急遽增長。現代人之所以喜歡談論八卦新聞、崇拜名人、閱讀傳記小說、戰爭故事及觀看體育賽事，是因為過去人類如果密切注意他人的動靜，就可以提高自身和群體的存活率。我們之所以如此喜歡聽故事，是因為這正是我們的心智運作的方式——我們永遠不停的在回想過去並思忖未來。

古希臘諸神如果在天上俯瞰塵世，必然會笑看人類的過錯，就像我們觀賞舞台上的悲劇或喜劇一般，但祂們也有可能會把我們的毛病視為自然擇汰的必然結果，因而得以同理我們的境況。祂們看待我們的眼光或許就像我們觀看小貓玩耍一般。為了增強未來的捕食技能，小貓在看到一條裊裊飄動的毛線時會出現三種動作：牠會悄悄的靠近那條毛線，然後突然撲上去（這是為了練習捕捉老鼠）；牠也可能陡然朝著位於上方的毛線跳起來，並且立刻合攏腳爪，抓住那條線（這是為了練習捕捉小鳥）；牠也會用爪子去撈取腳邊的毛線（這為了練習捕魚或抓住腳邊的小動物）。這些動作在我們看來趣味十足，但卻是小貓們磨練求生技巧的必要方式。

為了認識現實世界，科學家會根據局部的證據和自身的想像力提出各種假說，並加以驗證。科學致力追求事實，不談宗教或意識形態。它要在人類存在的燠熱沼澤中開鑿出一條道路來。

以上這些屬於科學的特性你想必都曾經聽過，但科學還有其他一些不同於人文學科的特質。其中最重要的便是「連續體」（continuum）的概念。在大多數物理學和化學的領域中，「一個實體或過程會在一個、兩個或更多個面向上不斷出現變動」已經是想當然耳的概念，無須刻意提及。這類「連續體」包含我們所熟悉的一些梯度（gradient），例如氣溫、速度、質量、波長、粒子的旋轉、pH值和碳基分子類比（carbon-based molecular analogs）等。在分子生物學中，這些「連續體」的角色比較不明顯，因為光是組織中的一些基本變異就足以解釋細胞的功能與複製的過程。但是在「演化生物學」和「演化生態學」這兩門探討數百萬物種如何各自以不同的策略適應它們所處的環境的學科中，這些「連續體」的角色就變得非常重要了。在有關「太陽系外行星」（exoplanet）的研究中，這些「連續體」的重要性更加受到矚目。

二〇一三年時克卜勒太空望遠鏡因瞄準裝置失靈暫停運作，但在此之前，天文學家們已經在太陽系外發現了大約九百顆行星。儘管幾個世代以來，科學家探測並登陸太陽系其他行星的新聞已經稀鬆平常，不足為奇，但這樣的發現還是非常驚人，而且意義重大，就像一個水手在大海上突然看到陌生的海岸線，並脫口大喊：「陸地！陸地！」據估計，在銀河系中共有大約一千億個恆星系，而且天文學家們相信：每個恆星系平均至少都有一個行星環繞著它運行。這些行星當中很可能有一小部分（這個數量其實已經很可觀）有生物存在——哪怕只是生存在極端艱困環境下的微生物。

銀河系裡的這些「太陽系外行星」（存在於太陽系之外其他恆星系中的行星）形成了一個「連續體」。天文學家們最近觀察到——至少是推論出——這些行星當中，有許多是以我們之前所想像不到的形式存在，其中包括像木星和土星一般巨大——有些甚至大上許多——的氣體行星；也有像地球這樣，體積較小、而且和母星的距離適中，足可滋長生命的岩質行星。後者和那些距離母星太近或太遠的岩質行星（例如，距離太陽太近的水星和金星，以及距離太陽太遠的類行星冥王星）截然不同。有些「太陽系外行星」並不會轉動，有些則會循著橢圓形的軌道移動，不斷接近而後又遠離母星。另外，還可能有一些脫離了母星重力牽引的範圍，成了離群「孤兒」、獨自在外太空中飄泊的行星。有些行星也有一個或更多的衛星。這些太陽系外行星除了體積、地點有很大的差異之外，形成的原因也各不相同，因此它們本身及它們的衛星的本體和大氣層的化學成分也各不相同。

天文學家雖然是科學家，但也是一般人，也會像我們一樣對他們所發現到的事實感到敬畏。這些「太陽系外行星」的發現，證實地球並非宇宙的中心。當然，在哥白尼和伽利略提出了他們的學說後，我們就已經知道了這個事實，但卻一直很難想像地球在宇宙中實際的地位。如今，我們已經知道：我們所在的這個小小的藍色星球，只不過是宇宙中至少一千億個星系當中，一個銀河系邊緣的一個微小的星團罷了。在我們才剛開始有所認識的這個連續體——眾多各式各樣的行星、衛星與類行星——中，它只占了一個小小的位置。因此，當我們談到人類在宇宙中的地位時，應該更謙卑一些。請容我打一個比方：地球之於宇宙，就像是今天下午紐澤西州提內克市的一座花園中，在一朵花的花瓣上棲息了幾個小時的一隻蚜蟲的左邊觸鬚的第二節。

既然提到了植物和昆蟲，我們不妨再談談另外一個連續體：地球生物種類之繁多。在我執筆之際（二〇一三年），地球上已知的現存植物共有二十七萬三千種，預期在愈來愈多科學家從事田野調查之後，還會增加到三十萬種之多。目前地球上已知的生物（包括植物、動物、菌類和微生物）大約有兩百萬種。據估計，實際的數字（包括已知和未知的生物）至少在三倍以上。目前科學家們每年新發現的生物大約有兩萬種。當眾多人跡罕至的殘破熱帶雨林、珊瑚礁、海底山，以及深海海床上的海脊和海溝，逐漸被列入探索之列時，這個數字必然還會增加。除此之外，由於如今研究微小生物的科技已然非常普遍，科學家們已開始探索人類過去所知甚少的微生物世界。在這種情況下，發現新物種的速度還會變得更快。屆時，那些遍布地球表面、肉眼不可見的奇特新型細菌、古細菌（archaean）、病毒和微微型真核生物（picozoan）都將一一曝光。

除了統計物種的數量之外，科學家們也正致力探究生物界的其他「連續體」，包括各種生物的特性，以及牠們漫長曲折的演化過程。結果他們發現，十二個重要的「目」的生物其體型由大至小漸次遞減，最大的是藍鯨和非洲象，最小的則是數量極多的光合細菌和海中的腐食性生物微微型真核生物。後者的體積甚至小到用普通的光學顯微鏡也看不見。

在科學家所探究的各種連續體中，與人類關係最密切的就是我們的感官。人類的官能所能覺察的範圍非常有限。比方說，我們的視覺只能接收到極微小的一部分能量（電磁波譜上四百到七百奈米之間的範圍）。但事實上，宇宙間瀰漫著各式各樣的電磁波，從波長只有人類可見光的幾兆分之一的伽瑪射線，到波長為人類可見光幾兆倍的無線電波都有。動物可以接收到的波長範圍和人類不同。比方說，蝴蝶可以根據花瓣上所反射出的紫外光（波長在四百奈米之下）的形態，找到花粉和花蜜，但我們卻看不見這些光。我們所看到的黃色或紅色的花朵，在昆蟲眼中是由明暗相間的各式斑點和同心圓所組成的圖案。

一般身體健康的人都自以為能夠聽到幾乎所有聲音，但事實上，人類的生理構造只能聽到頻率在二十到兩萬赫茲（空氣每秒鐘壓縮的次數）之間的聲音。蝙蝠在夜晚飛行時，會發出頻率在兩萬赫茲以上的超音波，並藉著聆聽其回音來避開障礙物，以及在空中攫取飛蛾和其他昆蟲。大象則會以低於二十赫茲的低沉聲波傳達複雜的訊息，藉此與象群中的其他成員溝通。我們走在大自然當中時，就像一個聾子走在紐約街頭，只能感受到些許震動，幾乎無法解讀任何訊息。

在嗅覺方面，人類更是地球上嗅覺最差的生物之一，以致我們能夠用來表達氣味的詞彙非常少，只能大量使用類似「有檸檬味的」、「酸酸的」或「有惡臭的」這類的比喻。相反的，絕大多數其他生物——從細菌、蛇到狼等等——都必須依靠牠們的嗅覺和味覺才能存活。當人類必須辨識各種氣味，以便追蹤他人、偵測爆裂物或其他危險的化學物品時，只好仰賴受過訓練的狗兒。

至於其他刺激，我們人類在沒有使用儀器的情況下，更是幾乎完全無法察覺。我們唯有在觸電、受到電擊或看到閃光的時候，才能感知到電力，但有好幾種生長在渾濁淡水中的鰻魚、鯰魚和象鼻魚，能夠在視線不清的狀況下透過電流來感應牠們的環境。牠們軀幹裡的肌肉組織在經過演化之後已經成了生物電池，可以產生電流，在身體周圍形成一個電場，使牠們得以藉著電荷模式所產生的陰影避開周遭的障礙物、確認獵物所在的位置，並與同類溝通。在我們的環境中，另一個人類無法感知的部分是地球的磁場。有些候鳥在長途飛行時，會利用磁場來導航。

科學家對於各種「連續體」的探索，使人類得以根據這無窮無盡的體積、距離和數量來丈量宇宙實際的大小。它讓我們明白可以去哪裡尋找我們過去意想不到的現象，又如何藉著可測量的因果關係網絡來理解整個現象。我們已經藉著確認各個現象在相關的「連續體」（用一般的話來說，所謂相關的「連續體」，指的就是各個系統中的變數）中所在的位置，得知了火星表面的化學成分，推估出史上第一批四足動物從池塘裡爬到陸地上的過程和時間，也得以根據物理學上的「統一論」（unified theory）預測無窮小和將近無窮大的情況，並得以觀看血液流動的情況，以及人類思考時腦中神經細胞發亮的情景。假以時日——很可能在幾十年之內——我們將能夠解釋宇宙中的黑暗物質、地球生物的起源，以及人類的生理會在情緒和想法改變時發生什麼變化。屆時，我們將可以看到原本看不見的事物，測量那小得幾乎像是不存在的東西。

科學知識如此爆炸性的成長，與人文學科有什麼關係呢？事實上，兩者之間的關係非常重大。現代的科技已經愈來愈精確地顯示出人類在地球和整個宇宙中的位置。我們在各個與我們相關的「連續體」中只占了一個非常微小的地方，而這些連續體在任何一個地方（地球或其他星球上），都有可能產生一個像人類這般高智商的物種。我們的遠祖可以說是複雜演化過程當中的幸運兒，才能從原始的生物一路跌跌撞撞演變成人類。

人類是一個非常特殊的物種，也可以說是「被揀選」的物種，但人文學科並無法解釋個中原因，甚至未能提出一個可以解答的問題。它們只能覺察到各種連續體中的一小片段，然後不斷將各種細節加以排列組合。然而，這樣做並無法解釋人類的一些根本特質（包括我們那些強烈的本能、普普通通的智商、極其有限的智慧，以及有些人所謂的「科學的傲慢」）是如何形成的。

四百多年前，科學與人文尚處於初發展的階段，兩者看來似乎有合作的可能，於是便有了第一次「啟蒙運動」。此一運動之所以能夠推展，是因為從十五世紀下半開始，歐洲的航海家不僅繞過了非洲大陸，還發現了新大陸，導致西歐國家開闢了新的全球貿易路線，並擴大以軍事征服的手段建立了許多殖民地。這是歷史上的一個轉捩點，因為在這段時期，知識與創新開始受到了重視。如今，我們邁入了一個新的探索階段，其內涵遠比過去豐富，也因此更有挑戰性，同時更具人道色彩。在這個新的階段，人文學科以及其中的創造性藝術，有能力以前所未見的方式表現人類的存在，使得「啟蒙運動」的理想終於得以付諸實現。

5 人文學科的重要性

你或許會覺得奇怪，一個重視數據的生物學家居然會說出這種話，但我真的相信，科幻小說所創造出的外星生物對人類有很重要的作用：他們會讓我們更進一步思考並了解人類本身的境況。只要有科學根據、具可信度，這些科幻小說中的外星人有助我們預測未來的情況。而我相信真正的外星人將會告訴我們：人類擁有一項令他們矚目的重要資產。你或許會以為那是我們的科技，但其實不然，那是我們的人文學科。

這些外星人雖然是小說家想像出來的，但確實有可能存在。他們既不想取悅人類，也無意提升人類的素質。他們看待我們，就像我們看待在塞倫蓋提草原上吃草、漫步的那些野生動物一般，並無惡意。他們來到地球的任務是盡量向人類——這個在地球上發展出文明的奇特物種——學習。學習什麼？想必是人類科技的奧祕？非也。在科技方面，我們並沒有什麼可以教導他們。要知道：所有我們可以稱之為科學的知識，只有不到五百年的歷史。由於這兩百年來，科學知識（例如物理化學和細胞生物學）每隔一、二十年就大約成長一倍，因此相較於地球的歷史，我們目前所擁有的知識仍然是很新的，技術的應用也處於剛開始發展的階段。人類進入全球緊密互聯的科技時代只不過是二十年前的事，相較於整個宇宙的歷史，還不到一瞬之久。銀河系已經存在了幾十億年，這些外星人很可能在幾百萬年——甚至幾億年——之前，就已經達到了人類目前的文明水準。因此，對他們而言，我們就像襁褓中的嬰兒一般。在這種情況下，我們能教他們什麼呢？換言之，仍在學步期的愛因斯坦能夠教一個物理學教授什麼東西呢？什麼都不能教。基於同樣的道理，我們的科技水準必然也遠不及那些外星人，否則就換成我們前往外星去拜訪他們了。

所以，如果真的有外星人，他們可以從我們身上學到什麼有價值的事物？正確答案是我們的人文學科。誠如理論物理學的先驅默里・蓋爾曼（Murray Gell-Mann）所言：理論物理學是由少數法則和許多的意外所構成。事實上，所有的科學都是如此。地球的生命誕生於至少三十五億年前。最初只是原始的生物，然後逐漸多樣化，形成各式各樣微生物、菌類、植物與動物。然而，這只是將近無限個可能發生的歷程之一。那些外星人必然可以根據自動探測器的探測結果，以及演化生物學的法則明白這一點。他們或許無法立刻得知整個地球的生物演化史（包括許多生物絕種、被其他物種取代，以及蘇鐵屬、菊石目和恐龍等主要族群興起和滅絕的過程），但他們可以藉助超高效率的田野調查、核酸定序（DNA-sequencing）和蛋白質體學技術，迅速了解地球現有的動植物及之前動植物的特性與年代，並推算出各個地方、各個年代的生物演化模式。這些都是藉著科學就可以做到的。因此，這些外星人很快就能掌握所有我們稱之為「科學」的知識，並且懂得遠比我們更多，彷彿我們不曾存在過。

在過去大約十萬年間，人類出現了少量幾個原始文化，後來又衍生出數千個子文化，其中許多至今仍然存在，而且各自有其語言（或土話）、宗教信仰，以及社會、經濟制度。如同千百萬年來動植物不斷分枝繁衍一般，這些文化也不斷演變，有些分裂成兩種文化（其中或許有部分相同），有些則消失亡佚。目前全世界仍在使用的將近七千種語言中，二八%只有不到一千個使用者，有四百七十三種瀕臨滅絕，只有一小撮耆老會講。由此看來，人類的信史以及史前史就像生物演化過程中物種的形成一般，有各種千變萬化的模式，只不過兩者在一些重要的面向上並不相同。

文化的演進之所以有別於生物的演化，是因為文化完全是人腦的產物，而人腦這個器官是在古人類時期與舊石器時代，經由一種非常特殊的擇汰形式——

即「基因—文化共同演化」（指基因的演化和文化的演進相互影響的現象）——演化而成。人腦所具有的獨特能力主要來自額葉皮質的記憶庫。這種特殊能力是從兩百萬到三百萬年前的「巧人」時期開始逐漸演化，一直到六千年前他們的後代「智人」遍布全球各地時，才演化完成。外來者如果要理解我們文化演進的歷史，就必須解讀人類所有複雜而細微的情感，以及各種人類心智的產物。要做到這點，他們必須和人有親密的接觸，並了解無數有關個人的歷史，同時能夠描述一個想法如何被轉譯成一個象徵符號或一個物件。而這都是人文學科在做的事。人文學科是天然的文化史，也是我們最獨特、最珍貴的資產。

人文學科之所以可貴，還有一個很重要的理由。科學上的發現和技術上的進展有其生命週期。當它們的數量大到某種程度，複雜到令人難以想像之後，成長的速度勢必會大幅減緩。在我從事科學研究的這五十年間，每名研究人員每年所做的新發現數量已經大幅降低。各研究團隊的人數也愈來愈多。一篇科技論文有十個以上的共同作者已經是司空見慣的事。大多數學科已經需要用到遠比從前更加複雜、昂貴的技術才能有新的發現，科學家在從事研究時，也開始需要更先進的新科技和更高階的統計分析方法。

但無須擔心。等到科技成長的速度開始大幅減緩時（很可能就發生在這個世紀），科學和高等技術將扮演濟世救人的角色，普及的程度也將遠勝現在，但最重要的是：它們會趨於全球一致化。每個地方，每個文化、次文化，乃至每個人所面對的科技都是一樣的。瑞典、美國、不丹和辛巴威將擁有同樣的科技資訊。但人文學科卻可以幾乎無限期的繼續發展，並且變得愈來愈多樣化。

在未來的幾十年間，重大的技術進展很可能大多發生在所謂的BNR——也就是生物科技（biotechnology）、奈米技術（nanotechnology），和機器人學（robotics）——的領域。至於純科學方面，目前研究人員正致力推論地球生命的起源、設法創造人工生命體、研究基因置換術（gene substitution），與基因組的精確修飾技術、探究意識的物理性質，並企圖建造出思考速度和工作效率都高於大多數藍領和白領勞工的機器人。這類新式科技目前仍只是科幻小說中的情節，但不久之後（預期在幾十年內）它們就會實現。

因此，現在是我們必須坦誠面對問題的時候了。我們的當務之急是修正一千多個有問題的基因。這些基因的等位基因會發生罕見的突變，導致遺傳性疾病，而最好的修正方法便是基因置換，也就是用一個正常的等位基因來替代突變的等位基因。這種方法雖然才剛剛發展出來，絕大部分尚未經過人體試驗，但我們預期它最終將可取代羊膜穿刺法。目前醫學界是以羊膜穿刺技術，來讀取胎兒的染色體結構和遺傳密碼，遇到胎兒有缺陷的狀況則實施墮胎手術，以避免胎兒出現殘疾或死產的狀況。有許多人反對實施這類墮胎手術，不過我猜想，他們或許不會反對進行基因置換術，因為這種手術就像是更換有缺陷的心臟瓣膜或不健全的腎臟一般。

這是人類憑藉自己的意志所進行的演化（volitional evolution）。這樣的演化還有一個更高等的形式，只是造成演化的原因沒有那麼直接罷了。那便是，目前由於人口遷徙和異族通婚日益頻繁，而導致的「人口均質化」現象（homogenization）。這現象導致「智人」的基因被大規模重新分配。族群之間的基因差異逐漸減少，但同一族群內的基因差異則有增加的趨勢，整體的結果則是人類的基因差異大幅增加。這些趨勢使得人類的「意志型演化」陷入兩難的局面。再過幾十年，連那些最短視近利的政治人物也會注意到這個問題。我們是否要引導人類演化的方向，以便增加我們所想要的特質出現的頻率？或是索性更進一步提高？還是我們要坐視不管，並且盡量往好處想？目前看來，在短期內，我們幾乎必然會選擇最後這一種做法。

以上所言並非科幻小說中的情節，也不可等閒視之。事實上，這些議題就像德州「該不該發放避孕用品給高中生」、「教科書該不該提到進化論」等論戰一般。生物學上另外一個已經引發大眾討論的相關問題則是：當愈來愈多的工作和決策由機器人負責執行時，人類要做些什麼呢？難道我們真的要以移植大腦和改良基因的方式，來提高人類的智商、改進我們的社會行為，以便和機器人競爭？果真如此，我們將會背離我們所承傳的人性，人類的境況也會發生根本性的變化。

這是人文學科最有能力解決的問題，也是它們之所以如此重要的另一個原因。說到這裡，我要對所謂的「存在保守主義」（existential conservatism，主張人的生物特性是一項神聖的資產，我們有義務要加以保存）投下贊成的一票。沒錯，人類在科技方面成就斐然，讓我們繼續努力；但在此同時，我們也要弘揚人文學科的價值，因為這是我們之所以為人的特質。既然人性乃是人文學科的泉源，是我們獨有的特質，也是人類未來之所繫，我們千萬不可用科技輕易加以改變。

6 社會演化的驅力

生物學上最重要的問題莫過於：生物出自本能的社會行為是如何演化而成的？如果能找出正確答案，我們就可以解釋生物組織層級上一個很大的轉變：個別的生物如何發展成「超個體」？一隻隻螞蟻如何組成一窩秩序井然的螞蟻？原本各自獨立的靈長類動物又是如何發展成一個人類社會？

要形成一個複雜的社會組織，成員之間彼此要能高度分工合作。此外，至少有一部分的群體成員要表現出利他的行為。合作與利他的最高境界，便是所謂的「真社會性」。這指的是，群體中部分成員放棄自己一部分或全部的生殖行為，以便提高專事繁衍後代的「皇家」階級的繁殖成功率。

誠如我先前所言，關於高等社會組織是如何形成的，目前有兩種不同的理論。其一是標準的「自然擇汰」理論。各式各樣的社會與非社會現象都證明，這個理論是正確的，而且，自從一九二〇年代現代的族群遺傳學，以及一九三〇年代的「現代演化綜論」興起之後，這個理論已經變得更加精確。它的根本原則是：遺傳是以基因為單位（通常是一組不同基因中的一個部分），而擇汰的對象乃是每個基因所表現出的特性。舉個例子，人類有一種有害的突變基因，它會導致囊腫纖維化。這種基因很罕見，因為它的「顯型」（譯註：表現某一顯性特徵之生物個體或群體）——也就是罹患囊腫纖維化疾病的人——壽命較短、生育能力也較差，所以會受到淘汰。但也有些突變基因對人有利，例如那些會使得成人可以耐受乳糖的基因。這種突變基因在歐洲和非洲那些生產牛奶的族群中出現之後，使得它的顯型在長大成人後可以放心地飲用牛奶，因此擁有這類基因的人不僅壽命較長，生育能力也較強。

一般認為，當一個基因所表現出的特性，使得群體中某個成員的壽命和生育能力優於或遜於其他成員時，這個基因就是「個體擇汰」的對象。當一個基因表現出的特性，使得某個成員能夠與同一群體的其他成員合作，或以其他方式互動時，則這個基因有可能是個體擇汰的對象，但也有可能不是。無論是哪一種狀況，它都可能會影響整個群體的壽命與生育力。由於群體在和其他群體發生衝突或爭奪資源時必須彼此競爭，因此它們各自的不同特性就會受到擇汰。尤其那些會表現出互動（亦即社會）特性的基因，更是「群體擇汰」的對象。

根據標準的「自然擇汰」理論，演化的劇本約略如下：一個很會偷東西的人能夠為他自己和他的下一代謀福，但他的行為會損害群體的其他成員。在同一個群體中，讓他表現出這種不正常行為的基因到了下一代時會增多，但這種偷竊行為就像是那些讓宿主生病的寄生蟲一般，對團體的其他成員不利，最終也對竊賊本身不利。另一個完全相反的情況則是：一個英勇的戰士率領他的群體打了勝仗，但自己卻在戰場上犧牲，身後只留下少數的子嗣，或者甚至完全無後。這時使他勇敢的那個基因就失傳了，但團體的其他成員卻因為他的勇敢而受惠，得以繼續生存繁衍，因此他們共同的勇敢基因就增加了。

以上這兩個極端的例子所代表的是兩種層次的擇汰，也就是「個體擇汰」和「群體擇汰」。這兩者會彼此對抗、互相拉鋸。其結果最終可能會使得兩種相反的基因達到某種平衡的狀態，但也可能會使其中一種基因完全消失。這個現象可以用一句話來概括：在同一個團體內，自私的成員會占優勢，但一個由利他主義者組成的團體會勝過由自私者所組成的群體。

主張「總括生殖成就理論」的人士則反對標準的自然擇汰理論，因此也不贊同眾所公認的族群遺傳學法則。他們認為：擇汰的單位是團體中的個別成員，而非成員的個別基因。社會的演化是團體中的個別成員與其他每一位成員逐一互動的結果的總和，再乘上每一對互動者彼此之間親緣相近的程度。這些多重互動的結果對個體所造成的各種正面和負面的影響，便構成了此一個體的總括生殖成就。

目前兩派人士之間雖然仍不時爆發論戰，但事實證明，總括生殖成就理論所做的假設，只適用於一些不太可能在地球或其他任何星球上出現的極端案例。主張這種理論的人士從不曾直接測量過任何一個案例，只是以所謂的「復歸法」（regressive method）間接加以分析。不幸的是，這種分析法在數學上是不成立的。至於他們認為個體或群體——而非基因——才是遺傳單位的說法，則是一個更大的錯誤。

在我們更進一步闡釋這兩個理論之前，不妨先舉一個社會行為演化的具體實例，看看這兩派人士各自如何解釋。

主張總括生殖成就理論的人士最喜歡以螞蟻的生命週期為例，證明親屬關係所扮演的角色和總括生殖成就理論的正確性。許多種螞蟻都有這樣的生命週期：

蟻群會從蟻窩中釋出蟻后與雄蟻進行繁殖任務。在交配之後，蟻后並不會返回窩巢，而是到別的地方去建立屬於自己的蟻群，雄蟻則會在數小時之內死亡。蟻后的體型比雄蟻大得多。因此相對的，蟻群在培育蟻后時所投入的資源也比較多。

至於蟻后與雄蟻的體型為何有如此大的差異，主張「總括生殖成就理論」的生物學家羅伯特．崔佛斯（Robert Trivers）在一九七〇年代提出了解釋。他的說法如下：螞蟻決定性別的方式很奇特。如果蟻后只和一隻雄蟻交配，生下來的雌蟻彼此之間親緣相近的程度，會勝過牠們和兄弟之間的關係。由於扶養幼蟻的工作是由工蟻負責（事實上，整個蟻群都是由工蟻掌控），而這些工蟻又偏好姊妹勝過兄弟，因此牠們投注在蟻后身上的資源會比雄蟻多，於是最後蟻后的體型自然就比雄蟻大得多。這個用「總括生殖成就理論」推斷出的過程，稱為「間接式自然擇汰」（indirect natural selection）。

相反的，標準的族群遺傳學理論則提出了「直接式自然擇汰」的假說，並在田野調查和實驗室中進行直接的觀察，以測試其真實性。事實上，所有的昆蟲學家都知道，蟻后的體型非得比雄蟻更大不可。這是因為牠在建立一個新的蟻群時，會先挖一個蟻穴，把自己封在裡面，然後用儲存在體內的豐富脂肪和翅膀肌肉代謝後所產生的養分，養育第一窩工蟻。雄蟻體型之所以小，是因為牠們唯一的功能就是交配，在蟻后受精之後就會死去（有些種類螞蟻的蟻后則可以存活二十年以上）。因此，「總括生殖成就理論」認為工蟻是根據性別來決定要投注多少資源的迂迴說法並不正確。

此外，「總括生殖成就理論」認為，蟻群的資源分配是由工蟻掌控的。這個關鍵性的假設也不正確。蟻后會運用牠的受精囊（用來貯存精子的一個袋狀器官）上的活門，來決定牠所生的孩子的性別。如果牠釋出精子來使卵巢中的一個卵子受精，牠就會生下一隻雌蟻；如果牠沒有釋出精子，那麼卵子便不會受精。這個沒有受精的卵子出生之後就會變成雄蟻。因此，哪些卵子和幼蟲日後會成為蟻后取決於許多因素，其中只有一部分是由工蟻掌控的。

有半個世紀的時間（當時數據仍然相對稀少），學界普遍以「總括生殖成就理論」來解釋高等社會行為之所以產生的原因。首開風氣之先的是英國的遺傳學者賀爾丹（J. B. S. Haldane）。他在一九五五年提出了一個簡單的數學模型，其論點如下（為了讓它更容易懂，此處已經稍做更動）：請你想像自己是一個沒有子息的光棍，正站在一處河堤上俯視水面，看到你的弟弟正掉進水裡，快淹死了。那天，河水湍急，你又不太會游泳，所以你知道你如果跳進河裡去救他，自己很可能會溺斃，因此你必須要有利他的精神才會去救他。但賀爾丹認為，你並不一定要有利他的基因才會這麼做，理由是：那人既是你的兄弟，有一半的基因與你相同，因此，當你跳進水裡把他救起來時，雖然自己溺斃了，但你有一半的基因卻得以留存下來。至於另外一半的損失，只要你的弟弟多生兩個小孩就足以彌補了。基因是擇汰的單位。在自然擇汰的演化過程中，基因是關鍵所在。

一九六四年時，英國的另外一位遺傳學者威廉．漢彌爾頓（William D. Hamilton）以一個公式概括表達了賀爾丹的這個概念，後來被稱為「漢彌爾頓的不等式」（Hamilton inequality）。其內容如下：某個利他行為（就像那位英勇的哥哥所表現出來的）所造福的對象，如果他所繁衍的後代數量，超過那位利他者因該利他行為而損失的後代數量，則表現這個利他行為的基因就會增加。然而，唯有在利他者和他所造福的對象彼此的親緣關係很近的情況之下，利他者才能從自己的利他行為中受惠。至於兩者親緣接近的程度，則視他們共同擁有的基因的比例而定：兄弟姊妹是四分之一，堂（表）兄弟姊妹是八分之一，依此類推。親緣關係愈遠，比例愈低，而且下降得很快。這樣的過程後來被稱為「親緣選擇」（kin selection）。根據此一邏輯來看，密切的親緣關係似乎是生物之所以表現利他與合作行為的關鍵所在。因此，密切的親緣關係，乃是生物之所以演化出高等社會行為的主要原因。

乍看之下，「親緣選擇」似乎為生物之所以形成社會組織提供了合理的解釋。請想像一群個體以某種形式聚在一起，但卻毫無組織可言（例如一群魚兒、一群鳥或某個地方的地松鼠）。如果這個群體的成員可以辨識出自己和他人的後代，則依照標準的（也就是達爾文式的）自然擇汰法則，牠們就會逐漸演化出父母照顧子女的行為。再假定牠們也可以辨識出血緣與牠們相同的旁系親屬（如兄弟姊妹和堂表兄弟姊妹），則當某些個體的基因發生突變，使牠們比較願意照顧旁系的近親，而非遠親或無親屬關係者時（例如，賀爾丹所描述的那個英勇的哥哥。當然，這是一個極端的例子），這些個體就會比群體中的其他個體更具有演化上的優勢。但是，這個群體後來又會變得如何呢？當這類願意照顧旁系親屬的基因日益普及時，這個群體就會出現幾個大家族——而非個體（及其後代）——之間互相競爭的現象。這時，如果要達到群體成員都能有利他精神，而且彼此合作分工（換句話說，就是形成一個社會組織）的目標，就得靠另外一個層次的擇汰，那便是「群體擇汰」。

同一年，漢彌爾頓更將「親緣選擇」法則做進一步延伸，提出了總括生殖成就的概念。他認為，生活在群體中的個體會與群體中的其他成員互動。在這個過程中，牠和每一個與牠有互動關係的成員都共同參與了「親緣選擇」。這些行為的總和對牠能傳給下一代的基因數量的影響，便是牠的總括生殖成就，也就是將這些行為的好處與成本統統加起來，再用牠和每一個成員之間的親緣等級來打折所得出的數字。依照「總括生殖成就理論」，擇汰的單位在不知不覺間從「基因」變成了「個體」。

剛開始時，我覺得總括生殖成就理論很吸引人（其中精挑細選了幾個可以在大自然中進行實際研究的「親緣選擇」案例）。在漢彌爾頓發表此篇論文之後，第二年（也就是一九六五年），我在倫敦皇家昆蟲學會中的一場會議中為這個理論提出辯護。當晚漢彌爾頓本人也在一旁。後來，我在我那兩本創建了社會生物學這門新學科的著作《昆蟲的社會》（*The Insect Societies, 1971*）和《社會生物學——新綜合理論》（*Sociobiology: The New Synthesis*）中，都宣揚親緣選擇理論，認為它是以基因來解釋高等社會行為的一個主要理論，其重要性和生物的等級（caste）、溝通方式，以及其他構成社會生物學的主要項目不相上下。一九七六年時，辯才無礙的理察．道金斯（Richard Dawkins）出版了《自私的基因》（*The Selfish Gene*）這本書，向一般大眾解釋「親緣選擇」的概念，結果暢銷一時。不久，親緣選擇和某個版本的總括生殖成就理論，就出現在教科書和闡釋社會演化的科普文章中。在後來的三十年間，科學家們陸陸續續以動物——尤其是螞蟻和其他社會性昆蟲——為對象，測試了許多從「親緣選擇理論」延伸出來的通則和抽象概念，並宣稱他們在針對「等級」（rank order）、衝突，和性別投資（gender investment）等項目進行研究時，都證明了親緣選擇理論的正確性。

到了二〇〇〇年時，親緣選擇和總括生殖成就理論已經幾乎成了教條。科學論文的作者普遍確認了這個理論的正確性，即便在他們所提出的數據與這個理論的關聯性很小時亦然。在學術界有人專門研究這個理論，也有人因此而獲得國際性的獎項。

然而，總括生殖成就理論不僅不正確，還有根本性的錯誤。如今我們回顧過往，發現這個理論到了一九九〇年代時已經出現兩個很大的瑕疵，而且範圍已經開始擴大。首先，延伸自這個理論的各種說法愈來愈抽象，和其他社會生物學領域中所持續進行的實際觀察研究有著遙遠的距離。同時，主張總括生殖成就理論的學者，只針對少數幾個可測量的現象做過實際的觀察研究。相關的論文——其中大多數以社會性昆蟲為研究對象——也時常炒冷飯。論文愈來愈多，但研究的題目卻愈來愈少，而且幾乎沒有碰觸到生態學、種系發生學、分工、神經生物學、生物溝通，和社會生理學這幾個大領域。許多介紹總括生殖成就理論的科普文章內容都了無新意，但都對它抱持肯定的態度，宣稱它將會成為一個非常重要的理論。

然而，在這段期間，總括生殖成就理論（支持者暱稱它為IF理論）已經逐漸顯露式微的跡象。到了二〇〇五年時，已經有人公開質疑這個理論的正確性。幾位重量級的專家更針對螞蟻、白蟻和其他「真社會性」昆蟲的生物特性，提出了一些問題，一些膽子較大的學者也開始提出不同的理論來解釋「真社會性」產生的原因，以及其演進過程。但那些極度認同總括生殖成就理論的研究人員不是視而不見，就是三言兩語加以駁斥。到了二〇〇五年時，他們當中已經有許多人在各大學術期刊中擔任不具名的同儕審查者，其勢力已經足以阻撓這些期刊發表與總括生殖成就理論相反的證據和意見。舉個例子，根據一些教科書的內容，總括生殖成就理論曾預言，膜翅目昆蟲（蜜蜂、黃蜂、螞蟻）在真社會性動物中所占的比例會偏高（這是它初期的關鍵論據），但過了一段時期之後，有一位研究人員發現這項預測並不正確。當他指出這點時，那些人卻告訴他：「我們已經知道了。」事實上，他們的確已經知道這一點，但卻略過不提，沒有任何作為。在他們看來，這個「膜翅目假說」並沒有錯，只是已經變得「無關緊要」。此外，有一位資深的研究人員透過田野調查和實驗室研究發現：原始的白蟻群落彼此之間競爭並壯大的方式之一，是將沒有親緣關係的工蟻合併。但他所提出的論文卻被駁回了，理由是他的結論並未充分將總括生殖成就理論納入考量。

明明是一個晦澀難解的生物學理論，為何會引發如此強烈的偏見？這是因為它所企圖解答的問題非常重要，而且賭注已經變得異常的高。此外，總括生殖成就理論已經愈來愈像是一座紙牌屋，只要抽掉其中任何一張紙牌，它都有可能會整個崩塌。然而，該抽的時候還是得抽，就算必須付出損傷名譽的代價也是值得的。唯有如此，演化生物學上才有可能出現難得一見的「典範轉移」（paradigm shift）。

因此，到了二〇一〇年時，總括生殖成就理論的優勢地位終於被推翻了。身為少數不認同這個理論的人士之一，我在掙扎了十年之後終於決定打破沉默，和哈佛大學的兩位數學家兼理論生物學家馬丁．諾瓦克（Martin Nowak）和柯琳娜．塔妮塔（Corina Tarnita）聯手對總括生殖成就理論進行從頭到腳的全面分析。在此之前，諾瓦克和塔妮塔兩人已經分別發現總括生殖成就理論的基本假說並不健全，而我則已經證明——就像我先前所舉的有關螞蟻性別分配的例子一般——我們直接從自然擇汰的角度，就可以解釋當初用來佐證這個理論的田野調查數據，而且可能更加清楚。

二〇一〇年八月二十六日，我們三人聯名撰寫的這份報告發表於夙負盛名的《自然》（*Nature*）期刊，而且是那一期的封面焦點。《自然》的編輯們知道這篇文章的內容具有爭議性，因此他們在處理時異常謹慎。其中一位（他對這個主題及我們所用的數學分析模式頗為熟悉）還特地從倫敦搭飛機到哈佛大學，和諾瓦克、塔妮塔和我舉行了一場特別會議，結果他認同了我們的論點。其後，我們的文稿又經過三位專家以不具名的方式審查才得以出版。結果，一如我們所預期的，這篇論文出版之後立刻引起了排山倒海的抗議聲浪，也成了新聞記者最佳的報導題材。至少有一百三十七位研究或教授總括生殖成就理論的生物學家共同簽署了一份抗議聲明，發表在翌年《自然》所刊出的一篇文章中。當我在二〇一二年出版的著作《社會如何征服地球》的一個章節中，重提我在那篇文章中的一部分論點時，理察·道金斯的反應非常激烈。他在他為英國的《展望》（*Prospect*）雜誌撰寫的一篇評論中，呼籲眾人「用力」把那本書丟開，不要閱讀我所寫的東西。

然而，從那時起一直到現在，並沒有人反駁諾瓦克和塔妮塔所做的數學分析；而我提出的，標準的演化論是比總括生殖成就理論更能詮釋田野數據的論點，也沒有受到人們的反對。

二〇一三年時，另一位數學生物學家加入了我和諾瓦克的行列，和我們一起做更進一步的分析（當時塔妮塔已經到了普林斯頓大學，正忙著將田野研究的資料加入她的數學模型）。二〇一三年末，我們發表了我們所計畫的一系列參考文章的第一篇。為了嚴謹起見，也因為這些文章中所包含的資料或許和這個題目的背景和原理有關，我特別把第一篇文章的摘要放在本書的附錄中。

至此，我們終於可以用更開放的心胸來探索這個關鍵性的問題：是什麼力量使人類出現社會化的行為？非洲古人類朝高等社會組織邁進的過程和較低等的動物相似，但達到的方式卻截然不同。當這些古人類的腦容量增加一倍以上時，他們的記憶力便大幅增強，使他們變得更聰明，而他們也開始充分運用這些智能。原始的社會性昆蟲只能憑著他們有限的本能演化出分工的制度，將群落的成員分為幼蟲與成蟲、養育者與食物採集者等幾種，但這些最早的智人祖先卻本能地發展出各式各樣的行為，來運用他們對群體成員的詳盡知識。

在所有的動物中，唯有人類能夠根據彼此之間的深入了解組成群體。在群體形成後，有親緣關係的成員固然勢必擁有相似的基因組，但這並不是由親緣選擇所造成。親緣選擇的說法以及毫不實際的總括生殖成就理論，無論用在人類、真社會性昆蟲，或其他真社會性動物身上，都有很大的缺失。之所以演化出人類，是因為他們有與人溝通，辨識、評估他人並與他人連結、合作和競爭的傾向，也因此喜歡隸屬於某個團體之中。這樣的社會互動有利於他們的演化。他們的社會智能在經過群體擇汰後不斷增強，遂使得「智人」成為史上第一個全面稱霸地球的物種。

III

人類之外的世界

要了解人類存在的意義，
最好的方式莫過於將人類與我們所能想到的其他生命形式做個比較，
甚至透過推論的方式，和那些可能存在於太陽系外的生物做個比較。

7 費洛蒙的世界

現在，讓我們繼續這趟旅程，但朝著一個新的方向前進。自然科學對人文學科所能做出的最大貢獻，便是說明人類是一個多麼奇特的物種、其原因何在。但這只是自然科學所做的研究當中的一部分而已。除了人類之外，自然科學也研究了地球上的其他物種，而它們也各自有其特異之處。除此之外，我們還可以稍微想像一下其他星球上的生物（其中有些可能已經演化出相當於人類的智商）有什麼樣的特性。

在人文學科的觀點中，人類的特質「就是如此」。那些富有創意的藝術家便根據這樣的觀點，不斷編織各種故事，創作各種音樂和圖像。但在地球上各式各樣的生物中，人類的能力其實非常有限。除非我們了解人類為何會有這些特質，否則我們將無法解釋人類存在的意義。

首先，讓我們來看看在地球上眾多不同的生命形式之中，人類有多麼的奇異和獨特。

萬古以來，有數百萬個物種生生滅滅，但其中只有一種（智人的前身）在演化過程裡中了樂透大獎，發展出以符號語言為基礎的文明和文化，並因此得以大規模榨取地球上不可再生的資源，同時以滅絕其他物種為能事。現今人類的特性是一些偶然發生的預適應（preadaptation）現象所造成的，其中包括：終生都待在陸地上、擁有一個大腦子以及大頭顱（足以在日後發展出一個更大的腦子）、擁有可以自由活動且柔軟得足以操作物件的手指，以及依賴視覺和聽覺（而非嗅覺和味覺）辨認方向的特性（這是最令人難以理解的部分）。

我們當然會以為自己很有本事，能夠用鼻子、舌頭和味蕾偵測到化學物質。

在品嚐上好年分的葡萄酒時，我們可以辨識其中的香氣和餘韻，並且以此自豪。我們也可以在黑漆漆的家中，光憑氣味就知道自己到了哪一個房間。然而，就接收化學刺激的能力而言，我們其實是白癡。相形之下，大多數其他生物則是天才。事實上，有九九％以上的動物、植物、菌類和微生物都完全（或幾乎完全）仰賴一些特定的化學物質（費洛蒙）來和同類溝通，同時它們也可以藉著分辨其他幾種化學物質（阿洛蒙，或稱利己傳訊素）的不同，得知它們的獵物、掠食者和共生夥伴是屬於哪一個物種。

我們所喜歡的「天籟」，其實也只是大自然中的一小部分聲音而已。鳥叫聲確實很容易引起我們的注意，但不要忘了，像人類這樣依賴視覺和聽覺來溝通的生物其實很少，鳥兒便是其中之一。除了鳥叫聲之外，大自然中還有青蛙的嘓嘓聲、蟋蟀的唧唧聲，以及螽斯和蟬高亢的鳴叫聲。如果你願意，還可以加上黃昏時蝙蝠的叫聲（牠們利用回音來辨識障礙物和正在飛行的獵物所在的位置），只不過這些聲音的頻率太高，超出我們的聽覺範圍，所以我們是聽不見的。

人類如此有限的化學刺激感知能力，深深影響了我們和其他生物之間的關係。談到這點，我忍不住想到一個問題：如果蒼蠅和蠍子的叫聲和鳥兒一樣好聽，我們是否就不會那麼討厭牠們？

接下來，讓我們談一談動物用來溝通的視覺訊號。我們喜歡觀賞鳥兒、魚兒和蝴蝶優美的動作和牠們身上的色彩。昆蟲、青蛙和蛇也會藉著展示鮮豔的體色來警告掠食者不要靠近。牠們的用意並不在取悅掠食者，而是要緊急傳達一個訊息：「你如果把我吃掉，就會死掉或者生病。最起碼你不會喜歡我的味道。」關於這類警示，博物學家理出了一個通則：如果有一隻動物看起來很漂亮，也不太在乎你靠近牠，則牠不僅有毒，甚至可能會要你的命。這類動物包括行動緩慢的環紋赤蛇，和看起來不太怕人的箭毒蛙等。人類不僅看得到這類警告性的色彩，甚至還樂於欣賞，也不致因此喪命，但我們卻看不到紫外光。許多昆蟲都仰賴紫外光生活，例如，蝴蝶就是憑著花瓣所輻射出的紫外光尋找花朵。

生物世界中所發出的視聽訊號會引發我們的情感，也是自古以來無數偉大的創作、一流的音樂、舞蹈、文學和視覺藝術的靈感泉源。然而，相較於我們周遭所充斥的費洛蒙和阿洛蒙信息，我們所能接收到的這些視聽訊號簡直不算什麼。為了闡明這個概念，請你想像自己就像周遭那些能夠嗅到這類化學信息的生物一樣，能夠清清楚楚的看見這些信息。

你忽然進入了另外一個世界，一個比你原來生活或想像的那個世界更加緻密、複雜，步調也更快的世界。這是地球上絕大多數生物所生活的真實世界，但在此之前你卻只是置身在它的邊緣，從不曾進入。這裡的土地和草木上湧動著滾滾煙塵。一縷縷狀如卷鬚的氣味分子從你的腳下飄散出來。一陣陣微風吹來，把這些氣味分子吹過樹梢。當風力增強時，它們便迅速被吹得四散並消失無蹤了。在地底下，植物的小根和真菌菌絲也不斷散發出一縷縷氣息，之後便滲入落葉層和土壤的隙縫中。每個地方的氣味都不相同。即使兩地之間相距只有一毫米，也各有各的氣味。這些氣味形成了各種不同的模式。螞蟻和其他小型無脊椎動物能夠藉此辨認自己所在的位置，但人類貧乏的感官卻無法察覺。在這個充滿氣味的場域中，偶爾會有一些特別的有機化學物質流動。它們最初呈橢圓形，然後便逐漸擴大，成為半球狀的泡泡。這是成千上萬種小型生物所釋放的化學訊息，其中有些是從它們體表的液體中蒸發出來的。掠食者可以藉著這些化學訊息找到獵物，但獵物同樣也可以藉此避開正在逼近的掠食者。有些訊息是針對同類發出的。對於可能成為它們配偶或共生夥伴的同類，它們會低語：「我在這兒。來吧，來吧，到我這兒來。」對於有可能與它們競爭的同類，它們則會提出警告：「你到了我的地盤。快滾！」狗兒分泌在消防栓上的那種費洛蒙就是一個例子。

過去這五十年來，研究人員（我剛開始時也是其中之一，當時我研究的是螞蟻的溝通方式，那真是一段美妙的時光）已經發現：生物並不只是把費洛蒙釋放到空氣和水中，讓其他生物能夠接收到而已。事實上，它們會很精準的針對特定的對象發送訊息。如果你想了解任何一種費洛蒙溝通方式，得要有「信息素作用區」（active space）的概念。當氣味分子從源頭（大多是動物或其他種生物體內的某個腺體）往外飄散時，會形成羽毛狀的煙雲。其中心的氣味分子會維持一定的濃度，足以被同類偵測到。經過數千或數百萬年的演化之後，每一種生物所釋放的氣味分子都有特定的尺寸和結構，在不同的信息中所釋出的分子量也不同，同時接收者的嗅覺對這些氣味也很敏感。

讓我們想像一隻雌蛾在夜晚召喚同一品種的雄蛾的情景。此時距她最近的一隻雄蛾可能遠在一公里之外。如果我們把蛾的體長換算成人類的體長，則此一距離對人類而言相當於五十英里。因此，牠所釋出的性費洛蒙效果必須很強大才行，而根據科學家實際研究的結果，這類性費洛蒙也確實具有強效。舉例來說，只要每一立方公分中有一千三百萬個這樣的性費洛蒙分子，就能促使一隻雄性的印度穀蛾（Indian meal moth）採取行動。你或許以為這個數量很大，但事實上，光是一公克的阿摩尼亞（NH_3，氨）當中就含有10^{23}（一千億兆）個分子，因此相形之下，這樣的量是非常微小的。這類費洛蒙分子不僅效果要夠強，才能吸引到合適的雄蛾，其分子結構也必須很特殊，以避免吸引到種類不適合的雄蛾，甚至導致更慘的後果：招來一些會捕食蛾的生物。若干蛾類彼此之間的性費洛蒙差異非常的細微。品種相近的蛾可能只差一個原子，或有沒有雙鍵、雙鍵的位置在哪裡等等，有時甚至只差一個同分異構物。

雄蛾如果是屬於那些具有高度排外性的品種，牠要找到交配的對象是非常困難的。牠必須進入雌蛾的「信息素作用區」並隨之前進，才能找到雌蛾。但這個「信息素作用區」是從雌蛾體表的某一個點開始，然後逐漸擴張，之後又漸次縮小，到了另外一個點之後便消失了，形成一個大致上是橢球形（有如紡錘狀）的實體。在大多數情況下，雄蛾如果光是從氣味分子濃度低的地方飛往濃度高的地方（就像我們憑著嗅覺，找出廚房裡的某個味道是從哪裡發出來的一樣），並不足以找到雌蛾。這時牠還會用另外一個方法：在遇到費洛蒙氣團（pheromone plume）時，牠會迎風飛行，直到抵達雌蛾所在的位置為止。如果牠一時找不到「信息素作用區」（如果風向變了，使得氣味分子流的形狀改變，這種情況便很有可能發生），就會在空中做之字形的穿梭，直到牠再度進入「信息素作用區」為止。

這需要很強的嗅覺能力，而這樣的能力在生物界俯拾即是。雄性的響尾蛇會尋著費洛蒙的氣味找到願意和牠交配的雌蛇。同時，無論雄蛇或雌蛇都會不停的吐蛇信，嗅聞地上的氣息，因此可以很精準的追蹤並撲殺花栗鼠，就像獵人可以很精準的用他的槍瞄準一隻綠頭鴨並加以射殺一般。

那些必須做出精細識別的動物都具備這樣強大的嗅覺能力。雌性的哺乳動物（包括人類在內）可以辨識出自己的嬰兒的味道。螞蟻遇到工蟻靠近時，只要用兩隻觸角在對方的身體上方揮動幾下，就可以在十分之幾秒的時間內，判定對方究竟是同一窩的夥伴還是外來客。

動物之所以演化出「信息素作用區」，除了要達成交配和辨識的目的外，也是為了要傳達各式各樣的資訊。遇到敵人來襲時，兵蟻會釋放出具有警告作用的化學物質，將此一情況告知同一窩的螞蟻。相較於性費洛蒙和追蹤費洛蒙，這類化學物質的結構很簡單，而且釋放出的量很大，「信息素作用區」也行進得又快又遠，因為這個時候不僅沒有必要顧慮到隱私，最好還能讓敵我雙方同時都聞到，而且愈快愈好。其目的是，讓更多的同巢夥伴提高警覺並採取行動。兵蟻在偵測到警告費洛蒙之後，會做好戰鬥準備、衝上戰場，負責養育幼蟻的工蟻則會將小寶寶搬運到蟻窩的深處。

美洲有一種役奴蟻（slave-maker ant）會混合運用費洛蒙與阿洛蒙這兩種化學物質來虛張聲勢。在北方的溫帶地區，許多種螞蟻都有奴隸制度。一開始時，役奴蟻的蟻群會攻擊其他種螞蟻。這些役奴蟻的工蟻在自己的窩裡都遊手好閒，好吃懶做，很少幫忙家務，但牠們就像古希臘那些懶惰的斯巴達戰士一般，打起仗來非常凶猛。其中有幾種螞蟻的兵蟻，甚至具有強而有力的鐮刀狀上顎，能夠刺穿對手的身體。我在研究螞蟻的奴隸制度期間，發現有一種螞蟻會使用一種非常另類的方法：牠們的兵蟻腹部（三個體節中的最末一節）裡有一個特大號的腺囊（gland reservoir），裡面裝滿了警告物質。當牠們攻進受害者的窩巢時，就會在房間和走道上大量噴灑這類物質。這種阿洛蒙（更精確的說，應該是「假費洛蒙」）會使得防衛者感到困惑、恐慌，並因而趕緊撤退。這種反應就像我們聽到四面八方響起雷鳴般的警鈴聲時一般。但入侵的螞蟻不但不會有類似的反應，反而會被這種費洛蒙吸引集合過去。結果入侵者自然能夠輕而易舉地把受害者的蛹抓走。當這些蛹變為成蟲時，會因為銘印作用的影響，以俘虜者的姊妹自居，並且終生心甘情願的像奴隸一般的伺候牠們。

在地球上所有使用費洛蒙的生物中，螞蟻可能是最先進的一種。牠們的觸角上的嗅覺和其他感覺受器，比目前已知的任何一種昆蟲都多。此外，牠們的身上也有許多外分泌腺體，每一個腺體所負責製造的費洛蒙都不同。牠們在社會生活中會用到十至二十種（視螞蟻的種類而定）費洛蒙。每一種費洛蒙所傳達的意義都不相同。不僅如此，牠們還可以同時分泌多種不同的費洛蒙，以產生較複雜的信號。隨著分泌的時間或地點不同，這些費洛蒙所代表的意義也會改變。同時，牠們也可以改變費洛蒙分子的濃度，藉以傳達更多的信息。舉個例子，在我研究過的美洲收穫蟻當中，至少有一個品種的工蟻在偵測到非常微量、幾乎難以察覺的費洛蒙時，會特別注意並逐漸接近氣味的來源。當費洛蒙的濃度稍微提高時，牠們會亢奮地來回搜尋。當濃度達到最高點（在靠近發出費洛蒙訊號的工蟻時），牠們則會開始瘋狂地攻擊附近的任何一個外來生物。

有幾種植物也會用費洛蒙溝通。至少它們可以藉此知道鄰近植物所發生的危難，並採取行動加以回應。這類植物在遭受強敵（細菌、真菌或昆蟲）攻擊時，會分泌一些化學物質來壓制攻擊者，其中有些物質具有揮發性。這時，它們的鄰居就會「聞到」這些味道，並且在尚未遭到攻擊時就出現同樣的防禦行為。舉個例子，有幾種植物會受到蚜蟲（北方溫帶地區特別常見的一種昆蟲，牠們會吸取植物的汁液，並可能因此而造成嚴重的損害）侵擾。每當此時，這些植物便會開始分泌費洛蒙。這些費洛蒙飄散到空中後，不僅會刺激鄰近的植物分泌防禦性的化學物質，同時還會吸引那些喜歡寄生在蚜蟲身上的小黃蜂前來。有幾種植物還會使用另一種防禦方式：它們會透過共生的真菌（這些真菌會同時纏繞在幾棵植物的根上，使它們彼此相連），把它們受到攻擊的訊息傳送到其他植物那兒。

就連細菌也會以類似分泌費洛蒙的方式進行溝通。細菌個體會聚在一起，並且會把特別重要的DNA轉移給別的細菌。有些種類的細菌在族群密度增高時，會出現「群聚感應」現象（quorum sensing）。此一反應是由它們分泌在周遭液體中的化學物質所觸發，其結果會導致細菌表現出彼此合作的行為，並形成菌落（colony）。關於菌落的形成，目前科學家研究得最多的，乃是「生物膜」（biofilm）形成的現象：自由游動的細菌會群聚在某個表面上，並分泌出一種物質包住一整個菌落，加以保護。我們的四周和人體之內，到處都是這類微型的社會組織，其中最常見的包括：浴室裡未經清洗的表面所形成的汙垢，以及當我們刷牙刷得不夠乾淨時，牙齒表面所形成的牙菌斑。

人類為何在經過如此長久的時間之後，才發現我們所居住的這個世界其實充斥著費洛蒙？從演化的角度來看，原因很簡單。首先，我們的體型太大了，因此如果沒有刻意努力，很難了解昆蟲和細菌的生活。其次，我們的祖先必須要有一個大腦袋，且裡面的記憶庫大到一定的程度，才能演化為「智人」，並發展出語言與文明。此外，人類在成為兩足動物後便可以把雙手騰出來，因而得以打造出愈來愈精細複雜的工具。由於身軀龐大，並且用雙足行走，因此人類頭部的位置比任何動物都高（除了大象和一些特大號的有蹄類哺乳動物之外），使得我們的眼目和耳朵遠離了幾乎所有其他的生物。在地球的生物當中，超過九九％的物種體積都非常微小，並且貼近地表，遠低於我們感官所在的位置，因此很難被我們所注意到。最後一個原因是：我們的祖先是以視覺和聽覺——而非費洛蒙——來進行溝通，因為其他的管道（包括費洛蒙在內）都太慢了。

簡而言之，人類固然在演化之後得以比其他生物更占優勢，但也因此成為感官上的跛子，鮮少察覺地球上幾乎所有已經被我們在不知不覺間逐漸摧毀的生命。在人類歷史的初期，這點並沒有那麼重要，因為當時地球的人口仍呈對數成長，數量不多，而且陸地和海洋的生物仍然非常豐富、未經開發，人類從中取用的能量和資源也很少。在這種情況下，就算人類犯了什麼錯誤，也還有充分的時間和空間可以修正。然而到了現在，這樣快活的日子已經結束了。人類雖然無法以費洛蒙進行溝通，但我們可以試著更進一步了解其他生物是如何辦到的，以便能夠更有效的拯救它們，並保存大部分我們所賴以為生的自然環境。

8 超級生物體

請你想像自己是一名遊客，置身於非洲東部的一座公園，正舉著望遠鏡觀賞非洲大草原上那些具有代表性的動物，包括獅子、大象，以及各式各樣的水牛和羚羊等等。突然間，前方幾公尺外的地上出現了一幕景象。那是非洲大陸的野生動物所上演的最壯觀、最神祕的景象之一：一群數以百萬計的行軍蟻（driver ants，亦稱牧蟻）從地下的巢穴裡冒了出來。牠們個個模樣亢奮、行動迅速、沒頭沒腦，儘管身軀細小，但卻來勢洶洶。牠們起初像是一大群暴民，沒有明顯的目標，但不久牠們便形成了一個縱隊，而且隊伍愈來愈長。裡面密密麻麻擠滿了螞蟻，其中許多隻甚至踩在其他的螞蟻身上行走。逐漸的，牠們看起來愈來愈像是一捆歪七扭八、不停蠕動的繩索。

世上沒有任何一種生物敢碰這一群凶猛的螞蟻。無論是什麼動物，只要敢招惹牠們，而且可以用來當成食物，那些負責覓食的工蟻必定會狠狠地對牠又叮又咬。兵蟻則分布於縱隊兩側，個個都抬起腳，仰起狀如鉗子的上顎，體型魁梧，善於防禦。這些行軍蟻組織嚴謹，卻沒有領袖。擔任先鋒的是當時正好抵達最前方的工蟻（牠們的眼睛看不見）。牠們往前衝了一會兒之後，便被其他從後面趕上的夥伴所取代了。

離開蟻窩大約二十公尺時，縱隊的前端便開始呈扇形開展，形成一列列愈來愈小的縱隊。很快的，在牠們所經過的路徑上便盡是一隊隊、一隻隻忙著追捕各式昆蟲、蜘蛛，以及其他無脊椎動物的工蟻。至此，牠們這次行動的目標終於顯現。這些行軍蟻無所不吃，只要是牠們能夠制服的小動物，牠們都會帶回巢穴內當作食物。大型動物（例如蜥蜴、蛇和小型哺乳類動物，據說偶爾還包括無人看顧的嬰兒）如果無法逃脫，也會被牠們整隻（或分解成塊）帶回蟻窩。這些行軍蟻之所以如此凶猛剽悍，是因為牠們食指浩繁，所以非得頻繁取得大量的食物不可。如果不這麼做，牠們的系統很快就會整個崩潰。一個蟻群的成員可以多達兩千萬，都是無法生育的雌蟻（包括負責覓食和看守窩巢的工蟻），而且牠們全都是由同一個蟻后所生。蟻后的體型約有拇指一般大，難怪是目前世上已知的最大的螞蟻。

行軍蟻群落是迄今已演化出的最極端的超級生物體之一。如果你看著牠的時候焦距稍微有點模糊，牠看起來就像是一隻巨大的阿米巴原蟲，正伸出一根長達數公尺的偽足，想要吞吃食物碎屑。不過，阿米巴原蟲和其他生物是以細胞為單位，但超級生物體的單位，則是有完整的身軀及六隻腳的生物個體。組成這些超級生物體的單位（如行軍蟻群落中的螞蟻）彼此之間互利互惠、合作無間，很像是一個生物的細胞與組織。當你在大自然中或影片上看到一個行軍蟻的群落時，會忍不住以「它」（而非「牠們」）來稱呼這些螞蟻。

目前已知的一萬四千種螞蟻都會形成這類「超級生物體」群落，不過像行軍蟻的規模這般複雜、龐大的，只有少數幾種而已。我從孩提時代就開始研究螞蟻，近七十年來已經在世界各地研究了成千上百種螞蟻，有的簡單，有的複雜。我相信以這樣的經歷，我應該有足夠的資格指點你，如何將牠們的生活方式應用在你的生活中（只不過，你將會發現，這些方式其實派不上什麼實際的用場）。

首先，我要先談一談一般大眾最常問我的一個問題：「我要如何對付我廚房裡的螞蟻？」面對這樣的問題，我都會由衷地回答：「走路的時候要當心，留意這些小生命。牠們特別喜歡蜂蜜、鮪魚和餅乾屑。所以，你可以把這幾種食物的碎屑放在地板上，當成誘餌。等到有一隻螞蟻發現了這些餌，並且回去向蟻群報告時（這時牠會沿路留下一些氣味），你就可以開始仔細地觀察。當一小隊螞蟻跟著牠來到食物所在之處時，你就會看到牠們所表現出的、彷彿來自外星的奇特社會行為。因此，請你不要把廚房裡的螞蟻當成害蟲，要把牠們當成你的「超級生物體」貴賓。

人們第二常問的問題是：「螞蟻在道德方面有什麼值得我們學習的地方？」對於這一點，我要再一次明確地回答：「沒有。」螞蟻的生活毫無值得人類模仿之處。首先，所有的工蟻都是雌性的。蟻后一年只會產下一批雄蟻，而且牠們待在蟻窩裡的時間不長。這些雄蟻都有翅膀，還有大眼睛、小腦袋，以及占了最後一個體節一大部分的外生殖器，看起來其貌不揚、可憐兮兮。牠們在蟻窩中無所事事，一生中唯一的作用，便是在結婚季節飛到巢外去和處女蟻后交配，設法讓牠受精。在牠們所隸屬的超級生物體中，牠們只扮演一個角色：像飛彈一樣到處飛來飛去的繁殖機器。一旦飛出去之後，無論有沒有完成交配任務（在大多時候，牠們光是為了接近處女蟻后，就得和其他雄蟻大打一架），牠們都不能回到巢裡，而且會在數小時之內死亡（通常是被吃掉）。所以，說到道德榜樣，我雖然像絕大多數受過良好教育的美國人一樣，大力支持性別平等的觀念，但像螞蟻這種性行為也未免有些太極端了。

讓我們再回來談談蟻窩裡的生活吧。有許多種螞蟻會把已死的同伴吃掉。這聽起來已經夠糟糕了，但我不得不告訴你，牠們還會把受傷的同伴吃掉。你或許曾經看過一些工蟻把被你踩傷或踩死——希望你不是故意的——的螞蟻搬運回巢。你以為這是牠們對戰場英雄致敬的方式，只可惜牠們的目的沒有這麼正大堂皇。

螞蟻的年紀愈大，待在蟻窩最靠外的巢室和地道的時間愈多，也更常從事危險的覓食任務。此外，在遇到敵對的螞蟻或其他生物湧入牠們的地盤，並來到牠們的巢穴入口附近時，這些老螞蟻也會率先發動攻擊。這確實是人和螞蟻之間最大的差別：我們人類都讓年輕人去打仗，但螞蟻卻讓牠們的老太太上戰場。我這樣說，並不是要人類師法螞蟻，除非你是想找一種成本比較低廉的方式來照顧銀髮族。

螞蟻生病後，會隨著年紀大的螞蟻遷居到蟻窩邊緣，甚至搬到外面去。螞蟻的社會裡並沒有醫生，因此這些生病的螞蟻離開蟻窩，並不是要去找螞蟻診所，而是為了保護蟻群內的其他螞蟻，以免牠們受到疾病的感染。其中有些到了蟻窩外面後，便死於真菌或吸蟲感染，使得這些真菌或吸蟲得以散播自己的後代。這種行為很容易被錯誤詮釋。如果你像我一樣，看了太多好萊塢拍的有關殭屍和異形入侵的電影，可能會懷疑這些寄生蟲是否控制了牠們的宿主的腦袋。但事實並沒有這麼複雜。生病的螞蟻之所以會離開蟻窩，是為了避免讓同巢的夥伴受到感染。這是牠們的天性，而那些寄生蟲在經過演化後，已經懂得利用螞蟻這種負責任的社會行為了。

在所有螞蟻（甚至可以說是所有的動物）當中，社會結構最複雜的是美洲熱帶地區的切葉蟻。從墨西哥到南美洲溫暖的溫帶地區，你都可以在低地的森林和草原上，看到由螞蟻所排成的長長的隊伍。這些螞蟻體色淡紅，體型中等，其中許多身上都扛著剛被切割下來的葉子、花朵和小樹枝，看起來非常顯眼。這些螞蟻會飲用植物的汁液，但並不吃固體的植物。相反的，牠們會把這些植物當成材料搬運到蟻窩深處，再將它變成許許多多複雜的海綿狀組織，並以這些海綿狀組織為基質來培養牠們要吃的真菌。從植物原料的收集到最後成品的誕生，整個過程像是一條生產線，每個部分都有專人負責。在田野間進行採集的是體型中等的切葉蟻，當牠們扛著東西回家，無法自我防衛時，往往會受到寄生性蚤蠅的騷擾（牠們想在螞蟻身上產卵，而這些卵日後會孵化成肉食性的蛆）。這個問題之所以能夠解決，主要是因為，這些切葉蟻的背上有一批有如象夫般的小小工蟻。牠們會抖動後腳把那些蚤蠅趕走。回到蟻窩後，體型比採集者稍微小一些的工蟻會把這些植物碎片剪成小片狀，每片直徑大約一毫米。之後，一批體型更小的工蟻會把這些碎片嚼爛，做成塊狀，再把自己的糞便當成肥料加進去。接著一批體型更加袖珍的工蟻，會利用這些黏糊糊的團塊建造出一座座園子。體型最小的工蟻

（牠們的體型和那些負責趕蚤蠅的工蟻一樣大），則負責在園子裡種下真菌並加以照料。

除此之外，切葉蟻的社會中還有一個階級，是由體型最碩大的螞蟻所組成。這些螞蟻有一個特大號的腦袋，上面包覆著厚實的內收肌，使得牠們那有如剃刀般銳利的下顎在閉合時，力道大到連皮革都可以劃破，遑論是人類的肌膚。牠們似乎只有一個職責：抵禦那些極度危險的掠食者，尤其是食蟻獸（或許還包括其他一些大型的哺乳類動物）。這些兵蟻平常都深藏在蟻窩下端的巢室內，只有在蟻窩發生嚴重的情況時才會出動。我最近在哥倫比亞做田野調查時，無意中發現了一個可以輕易引誘出這些兵蟻的方法。我知道切葉蟻的蟻窩構造很像一個巨大的空調系統。蟻窩中的園子和數百萬隻靠這些園子維生的螞蟻，牠們所排放出的廢氣中充滿二氧化碳，這些氣體會積存在靠近蟻窩中心的地道中。當這些氣體變熱時，會因為對流作用的緣故，從這些地道正上方的幾個洞孔排出，同時，新鮮的空氣則會經由蟻窩外圍的地道開口被吸進蟻窩中。我發現，如果我對著蟻窩邊緣的地道吹氣，讓我的氣息（其中含有哺乳類動物的氣味）傳到蟻窩中心，這些大頭兵蟻很快就會出來找我。但我得承認，這樣的觀察並沒有什麼實用價值，除非你喜歡被一群殺氣騰騰的螞蟻追逐所帶來的刺激感。

螞蟻、蜜蜂、黃蜂和白蟻這些超級生物體，幾乎是完全憑著本能就發展出類似文明的體系。牠們的腦子只有人腦的百萬分之一大小，但牠們卻能夠憑著少數幾種本能發展到如此了不起的程度。一個超級生物體的演化過程就像是組裝 Tinkertoy 結構玩具一樣，只要用不同的方法把幾個基本的零件組合在一起，就可以做出各式各樣的結構。在演化的過程中，得以存活下來並且用最有效率的方式繁殖的，就成了現今這些有著精密複雜的社會組織、令人讚嘆的超級生物體。

這些得以演化出超級生物體群落的少數幸運物種，就整體而言已經取得了極大的成就。在目前已知的約一百萬種昆蟲中，社會性昆蟲（包括螞蟻、白蟻、群居的蜜蜂和黃蜂）雖然只有大約兩萬種，只占總數的二％，但卻占了昆蟲生物質總量的四分之三。

不過，愈複雜的事物也愈容易毀損。由此我要談到另外一個超級生物體——巨星蜜蜂（domestic honeybee）——以及它所帶給我們的道德啟示。當雞、豬和狗等，和人類共生的非社會性（或社會性很低的）動物生病時，由於牠們的生活形態簡單，因此大多數問題都可以被獸醫診斷出來並加以治療，但蜜蜂卻是被我們馴養的動物夥伴中，生活形態最複雜的一個。牠們適應環境的過程包含了更多更多細微的環節，一旦這些環節出了問題，群落的生命週期就可能會有一部分受到損害。近年來，歐洲和北美洲的蜜蜂群落崩壞的現象，已經變成一個棘手的問題，影響了現今許多作物的授粉，並對人類的糧食供應造成極大的威脅。這可能顯示超級生物體普遍有其先天上的弱點。或許，就像發展出複雜的城市體系和互聯高科技的人類一樣，牠們的傑出表現反而使牠們承擔了更高的風險。

你或許偶爾會聽到有人把人類的社會形容為超級生物體，但這種比喻其實有點牽強。沒錯，人類也是靠著合作、分工和頻繁的利他行為，才得以形成社會組織。但社會性昆蟲幾乎都是憑本能行事，而人類的分工合作卻是建立在文化傳播的基礎上。此外，人類還有一點和社會性昆蟲不同：我們太過自私，不可能像一個生物體內的細胞那樣運作。幾乎所有的人類都追求自己的命運。他們都想自己生育下一代，最起碼他們很樂於從事某種原本以繁殖為目的的性行為。此外，他們必然會反抗奴隸制度，絕不肯受到工蟻一般的待遇。

9 銀河系為何是微生物的天下

在太陽系之外有某種生物存在。專家們一致認為：在距離太陽近達一百光年的恆星周圍，至少有一小部分像地球一樣的行星上有生命存在。無論有沒有，我們或許很快（或許在一、二十年內）就可以看到直接的證據，因為屆時科學家們將可以利用光譜測定法，分析從母星發出並穿透行星大氣層的光，如果發現其中有某種可做為「生物識別特徵」（biosignature）的氣體分子（這種氣體分子只有生物能夠製造，或者在沒有生命的環境中不可能存在太多），則外星生物的存在便不再只是個合理的假設，而是極有可能的事實了。

我是個研究生物多樣性的學者，而且我天生樂觀（這點或許更重要），因此我相信，我可以根據地球的歷史來證明，在太陽系外尋找生物這件事並非癡人說夢。從前，當地球的環境變得適合生物生長時，地球上很快便出現了生命。地球的誕生是大約四十五億四千萬年前的事，當它的表面變得稍微可以居住之後，過不了多久（還不到一、兩億年）微生物便出現了。從人類的角度來看，這一、兩億年的時間或許顯得極其漫長，但在整個銀河將近一百四十億年的歷史中，其實還不到一個晝夜。

地球生命的誕生，只是浩瀚宇宙當中我們所知道的一個現象而已，但天體生物學家正運用愈來愈複雜精密的科技致力尋找外星生物，而且他們相信，在地球這一帶的銀河裡，至少有一些（也可能有很多）星球同樣有生命存在。他們所尋找的是具有以下這兩個條件的星球：第一，有水；第二，它的軌道位於「適居帶」（Goldilocks zone）內，也就是說，它不至於太靠近母星、並因而熾熱得像個火爐一般，也不至於離母星太遠、並因而長年冰封。不過，我們要記住：一個目前不適合居住的星球過去並不一定如此。此外，就算某個星球的表面看起來很荒蕪，其中仍可能有一小片棲地——綠洲——適合生物生長。最後，在宇宙的某處可能有一些生物是由某些分子元素所形成的，而這些分子元素和地球生物的DNA和能源中的分子元素並不相同。

因此，我們不可避免地會得出以下結論：無論這些外星生物處於何種狀況，無論它們是生長於陸地上或大海中，還是勉強存活於綠洲上，它們當中應該絕大部分（或全部）都是微生物。地球上的微生物（其中絕大多數都非常微小，我們用肉眼是看不見的）包括大多數的單細胞生物（例如阿米巴原蟲和草履蟲），要用顯微鏡才看得見的真菌和水藻，以及體積最小的細菌、古細菌（外型類似細菌但基因很不相同）、微微型真核生物（最近才被生物學家發現的超小型單細胞生物）和病毒。為了讓你知道這些微生物有多小，請把你自己的幾兆個人體細胞當中的一個（或一隻阿米巴原蟲或單細胞的水藻）想成一座小小的城市。那麼一個典型的細菌或古細菌就像一座足球場那麼大，而一個病毒就好比一顆足球那麼小。

地球上的若干微生物極有韌性，可以在有如死亡陷阱的地方存活，而這是來自外星的天文學家在觀測地球時看不見的。比方說，有些細菌可以在深海火山所噴發的、超過沸點的岩漿中存活，有幾種細菌在pH值接近硫酸的礦區排放水中也可以生長得很好。此外，南極的麥克默多乾河谷（McMurdo Dry Valleys）雖然表面有如火星般荒涼，被認為是地球上除了極地冰帽之外最不適合生存的陸地環境，但那裡卻有大量的微生物。同樣的，外星人也無法偵測到地球上一種名為「耐輻射奇異球菌」（deinococcus radiodurans）的細菌。這種細菌能夠耐受致命的輻射線。即使用來培養這種細菌的塑膠容器已經在輻射線的照射之下變色、龜裂，它們仍舊能夠存活。

太陽系的其他行星，有沒有可能蘊含這類被我們地球的生物學家稱為「嗜極生物」（extremophiles，亦稱「極端微生物」）的物種呢？火星上可能會有一些從前在海裡誕生，至今仍在地底深處的含水層中存活的生物。類似的例子在地球上屢見不鮮。在地球所有的大陸上，都有許多高等的洞穴生態體系，其中至少都有微生物，在許多地區還包括昆蟲、蜘蛛，甚至魚類。這類生物的身體構造和行為都已經特化，可以適應毫無光線的貧瘠環境。更令人印象深刻的，是所謂的「地表下石板無機營養微生物系統」（subterranean lithoautotrophic microbial ecosystems, SLIMEs）。這些微生物系統分布在地表附近到地下深達一．四公里處的土壤和岩石的隙縫內。構成這些系統的細菌，是靠岩石新陳代謝所產生的能量存活。近來科學家們發現，有一種活在地底深處的線蟲（一般的線蟲在地表上隨處可見，而且數量極多）是以這些細菌為食物。

除了火星之外，我們還可以試著在其他地方尋找生物（至少是類似「嗜極生物」的生物）。比方說，在「土衛二」（屬於土星的一個小衛星，其地理現象極為活躍）冰冷的噴泉底下（或四周）的小型水體中，就可能有微生物存在。此外，我認為如果有機會的話，我們還應該探測木星的幾個衛星（包括「木衛四」、「木衛二」和「木衛三」）和土星最大的衛星「土衛六」的廣大海洋。因為這些衛星雖然表面上有一個厚厚的冰層，極度嚴寒、沒有生命跡象，但底下還是有熱氣，足以讓水中的生物存活。如果我們願意的話，還可以在這些冰層上鑽洞，直達下面的水體，就像科學家們目前在南極東湖（Lake Vostok，被南極冰帽冰封了一百萬年以上的一個湖）上所做的那樣。

總有一天（或許就在這個世紀當中），我們或我們的機器人（後者的可能性高得多）將會前往以上這些地方搜尋外星生物。我相信這也是我們必須做的事，因為如果我們不去探索、開拓新的領域，人類的整體心智就會萎縮。我們的基因裡存在著前往遙遠的地域流浪冒險的渴望。

除了太陽系之外，天文學家與生物學家最終的志業，當然還是繼續前進，穿越幾乎不可思議的距離，進入外太空，抵達其他恆星，以及它們周圍可能有生命存在的行星那兒。由於光線可以穿透外太空，因此我們很有可能在那裡偵測到外星生物。克卜勒太空望遠鏡在二〇一三年某些部分發生故障之前，科學家們已經透過它蒐集到大量的外太空資料。未來他們將可以利用這些資料、目前正在規劃設置的其他太空望遠鏡，以及史上最強大的一架地面望遠鏡，發現許多值得加以探測的星球，而且這樣的發現指日可待。事實上，到了二〇一三年年中時，科學家們已經偵測到將近九百個位於太陽系之外的行星。相信在不久的將來，還可以再發現幾千個。最近有人推斷（雖然在科學上，「推斷」是一個危險的字眼），太空中有五分之一的恆星是被大小有如地球的行星所環繞。事實上，在目前所偵測到的星系中，大多數的行星體積都在地球的一到三倍之間，因此它們的重力也與地球相近。這透露出什麼訊息呢？外太空究竟有多少星球可能有生命存在？首先，根據科學家的估計，在距離太陽十個光年以內的地方有十個恆星，一百光年以內的地方約有一萬五千個恆星，在兩百五十光年以內的地方有二十六萬個恆星。如果根據地球早期生物誕生的過程來推斷，則在距離地球一百光年內的地方，可能多達數十個或數百個星球有生命存在。

如果真能找到外星生物——哪怕是形式最簡單的一種——那將是人類歷史上的一個大躍進。就人類的自我形象而言，這個發現將會證明人類在宇宙中的位置一方面無比的卑微（就構造而言），但另一方面也無比的偉大（就成就而言）。

倘若能在太陽系的其他地方找到微生物，並研究其遺傳分子，科學家們一定會很想判讀它們的基因符碼。這類研究可以利用類似機器人的儀器來進行，因為這樣一來，我們便毋須將這些生物帶回地球。研究的結果將可告訴我們，在目前有關生命符碼的兩種相反的推測中，哪一種才是正確的。首先，如果這些外星微生物的生命密碼和地球的生物不同，則它們的分子生物結構也將隨之而有所不同。若果真如此，我們對生物學將會有全新的視野。我們將不得不承認，地球生物所使用的生命密碼可能只是銀河系裡的諸多可能性之一，而其他星系之所以產生不同的密碼，乃是為了要適應迥異於地球的環境。相反的，如果這些外星生物的密碼基本上和地球的生物相同，則可能顯示（但還無法證明）無論在何處誕生的生命只會有一種密碼，那便是和地球生物相同的密碼。

此外，或許有些生物可以不受銀河中宇宙輻射線和太陽能粒子波的干擾，在低溫狀態下休眠數千年乃至數百萬年，並持續在太空中漂流，來回於太陽系的各個行星乃至各星系之間。這種被稱為「泛生論」（pangenesis）的說法聽起來像是科幻小說中的情節，因此我有點不好意思提出來，但這種可能性也並非全然不存在。我們目前對地球上的眾多細菌、古細菌和病毒的了解太少，不足以斷定在地球或太陽系的其他地方，有沒有這種演化適應上的極端例子。事實上，現在我們已經知道，地球上的一些細菌有可能進入太空（儘管它們或許迄今尚未成功過）。這是因為在大氣層的中層和上層（海拔六到十公里之處），有大量活生生的細菌，它們的直徑在〇・二五到一微米之間，平均占了大氣層粒子的大約二〇%，其中有幾種細菌可以代謝它們周遭的各種碳化合物。它們當中是否有些可以持續繁殖？或者它們只是被氣流從地面吹上高空，並短暫地停留在大氣層中？這些謎題都有待我們解開。

或許我們可以開始試著在地球的大氣層之外，用網子四處打撈微生物。這類網子可以用超細的薄板製成，並以環繞地球的衛星拖拉，穿越廣達數十億立方公里的太空，然後再合攏起來，並帶回地球研究。這樣的行動可能會導致驚人的結果。即便我們只是發現，有些（當然也可能沒有）特異的地球細菌可以耐受太空中嚴苛的環境，這項努力也沒有白費，因為這有助我們解答天體生物學上兩個關鍵性的問題：地球上的生物究竟可以在什麼樣極端的環境下生存？在其他世界同樣嚴酷的環境中是否可能有生物出現？

10 外星人的模樣

我即將說的一切都是我的揣測，但也不全然都是揣測。我認為，藉著檢視地球上的各種動物及牠們演化的過程，並將這些資訊套用在其他星球可能存在的生物身上，我們就可以大略描繪出外星智能生物的形貌與行為。說到這裡，你可別急著闔上書本並駁斥這樣的說法。讓我們把這件事當成一個科學遊戲吧，只是為了符合新發現的證據，遊戲規則已經不太一樣了。這是個很值得我們玩一玩的遊戲。即便我們永遠沒有什麼機會能夠真正和與人類相當（或更高）等級的外星生物接觸，但這樣的嘗試會讓我們能夠從更宏觀的角度去看待人類，從而對我們自身有更進一步的認識。

談到外星人，我們往往會以為這只不過是好萊塢電影的題材，並且很容易想到《星際大戰》裡面那些可怕的怪獸，或《星際爭霸戰》中那一大票妝容怪異的演員。畢竟，認識外星微生物是一回事——我們不難根據一些大原則想像外星可能有類似地球的細菌、古細菌、微微型真核生物和病毒的原始生物存在，更何況，科學家們或許很快就會發現一些證據，證明其他星球上確實有這類微生物——但要想像與人類相當（或更高）等級的外星智能生物是什麼模樣，那又是另外一回事了。畢竟六億多年來，在地球上各式各樣的動物當中，只有人類演化到這麼複雜的程度。

動物在演化到像人類這般複雜的程度之前，必須先經過一個步驟，那便是建立一個可以做為屏障的窩巢，並且分工合作、互惠互利。但在生物史上，只有二十種動物達到這個階段，建立了複雜的社會組織。其中三種是哺乳類動物，包括兩種非洲鼴鼠和「智人」（非洲猿的一支奇怪的旁系），十四種是昆蟲，三種是住在珊瑚礁裡的海蝦。但除了人類之外，其他幾種動物體型都不夠巨大，不足以演化出足夠的腦容量，以發展出高度的智商。

現代智人的直系祖先之所以有機會一路進化為「智人」，一來是因為人類獲得了一個獨特的機會，二來也是因為我們非常幸運。事實上，我們當初很有可能到不了這個地步。在人與黑猩猩分別演化之後的六百萬年間，如果任何一支可演化成現代人的人類祖先滅絕了（這種可能性並非毫不存在，因為哺乳類動物平均的種族壽命大約是五十萬年），那可能就要再等一億年，才會有第二個人類等級的物種出現。

在太陽系之外，這些條件也必須具足才可能有生命誕生，因此外星智能生物存在的可能性或許並不是太高，即便存在，可能也非常稀少。在這種情況下，如果它們真的存在，我們自然要問：我們有可能在距離地球多近的地方，找到相當於人類的等級、甚至更高等級的外星生物？請容許我做一個合理的推測。首先，請想一想：過去這四億年來，地球上的大型動物多達好幾千種，但卻只有人類能夠演化到現在的地步。其次，再想一想：可能有類似地球的行星環繞周圍的星系雖然多達二〇%以上，但其中只有一小部分可能有水，而且其軌道位於「適居帶」（再提醒你一次，所謂「適居帶」就是距離母星不太近，不致被烤焦；也不太遠，不致永久結凍的地區）內。相關的資料雖然很少，但已經足以使我們懷疑，在距離太陽十光年以內的十個星系中，是否可能演化出高智能的生物。如果把距離拉長到距太陽一百光年（這個範圍包含一萬五千個星系），可能性就會稍大一些，但仍難以準確判斷。若是進一步將範圍擴大至兩百五十光年內（此範圍內共有二十六萬個星系），則可能性便大大的提高。如果我們根據地球的經驗來判斷，在這個範圍內出現外星生物的可能性就變得很高。

讓我們假定在那遙遠得幾乎令人難以想像的地方，真的有外星文明生物存在（這是許多科幻小說家和天文學家的夢想），它們會長什麼樣子呢？請容許我再做一個合理的推測。我相信，我們可以根據生物演化的歷史、人類遺傳的特性，以及地球上其他數百萬已知物種適應環境的方式，大致描繪出那些相當於人類等級的外星生物的模樣。

基本上，外星人是生活在陸地上，而非水裡面。在他們發展出相當於人類等級的智能與文明的最後階段，他們必然曾經運用人工生火的方式，或其他容易運送的高能量能源，來發展比較進步的科技。

外星人的體型相對較大。根據地球上最聰明的陸棲動物（牠們依次是「舊世界猴」〔Old World monkeys〕、猿、大象、豬和狗）的體型來判斷，在質量與地球相同或近似的行星上的外星人，應該是由十公斤到一百公斤重的動物演化而成。一般來說，體型較小的動物腦子也較小，因此記憶儲存量較小，智能也較低。大型動物因為具有足夠的神經組織，因此比較聰明。

外星人是靠視覺和聽覺溝通。就像我們一樣，他們的先進科技使他們得以經由電磁波譜上範圍廣大的頻率來交換資訊，但他們平常在思考和交談時則是像我們一樣運用視覺（他們所能看到的光譜範圍也很窄）和聽覺（他們同樣是利用壓縮空氣的方式形成聲波）。唯有利用這兩種方式，他們才能快速地進行溝通。外星人的肉眼視力或許像蝴蝶一樣，可以看到紫外光，或其他不在人類視覺範圍內的原色。他們所發出的聲音或許立刻就可以被我們接收到，但也可能音調太高（像美洲大蠡斯和其他許多昆蟲一樣）或太低（像大象一樣），以致我們無法接收。他們所賴以為生的微生物，主要是以費洛蒙（也就是這些微生物所分泌出來，以便藉著其氣息和味道傳達意義的化學物質）進行溝通，或許那裡的大多數動物也是如此。不過，就像人類一樣，這些外星人本身並無法使用這個方法。這是因為，他們在理論上雖然可以藉著釋放氣味的方式傳送複雜的訊息，但要形成一種語言所需要的頻率和振幅，只能傳送幾毫米的距離而已。

最後一點：外星人是否能夠解讀臉部的表情或手語？當然可以。那意念波呢？很抱歉，在這方面我看不出任何可能性，除非他們利用精密的神經生物學科技。

他們的頭部大而明顯，並且位於前端。地球上所有的陸棲動物都有長型的身體，而且多半兩側對稱，也就是身體的左側和右側看起來一模一樣。此外，他們都有腦子，而且主要的感官都位於頭部。不過，為了能夠快速地掃描、整合和行動，這些感官所在的位置會因物種而異。外星人也是一樣。他們的頭部也很大（相較於身體的其他部分而言），而且裡面也有一個特殊的腔室用來容納他們所需要的巨大記憶庫。

他們擁有咬合力介於輕度和中度之間的口部和牙齒。地球上的動物，如果有強壯的下顎骨和用來磨碎食物的巨大牙齒，就表示他們是以纖維粗糙的植物為食。如果他們有獠牙和角，就表示他們必須防禦掠食者，或者與同類的雄性競爭（或兩者都有）。外星人的祖先幾乎必定是靠著彼此合作並運用各種策略（而非蠻力和戰鬥），才得以逐漸演化。此外，他們很可能也像人類一樣是雜食動物。這是因為他們的族群數量必須夠大，才能進入最後一個演化階段，而要繁衍出這麼多的人口，他們必須食用各式各樣、能量豐沛的肉類和蔬菜才行（人類的最後一個演化階段是在新石器時代，當時發展出了農業、村莊等制度）。

他們有極高的社會智商。所有的社會性昆蟲（螞蟻、蜜蜂、黃蜂、白蟻）和最聰明的幾種哺乳類動物，都過著團體生活。這些團體的成員彼此不斷地既競爭又合作。這種能夠融入一個複雜、快速的社會網絡的能力，讓團體本身和其中的成員都具有演化上的優勢。

外星人擁有少數可以自由活動的附屬肢體，以槓桿原理和堅硬的內骨骼或外骨骼連結，以便產生最大的力氣。他們的骨骼分成幾節，由類似鉸鏈的構造（如人類的手肘和膝蓋）連結。至少有一對附屬肢體的末端是覆有柔軟肉墊的趾頭，用來觸摸、感受和抓取物品。自從大約四億年前，地球上第一批肉鰭魚登陸之後，牠們的後代——包括青蛙、蠑螈、鳥類和哺乳類動物等等——統統都有四個肢體。此外，昆蟲有六個可以自由活動的肢體，蜘蛛則有八個，而牠們都屬於發展得最好、數量最多的陸棲無脊椎動物之一，顯見肢體少一些是比較好的。另外，在所有動物中，只有黑猩猩和人類會製作手工藝品（其性質和式樣因文化而異）。這是因為牠們的指尖柔軟，故而特別靈巧。我們很難想像，用喙、爪子或彈器（scraper）能夠創造出任何一種文明來。

外星人有道德觀念。在地球上那些由高度社會化物種所組成的團體中，成員或多或少都會為了配合他人而自我犧牲。這是「個體擇汰」和「群體擇汰」（尤其是後者）所造成的結果。外星人是否也有類似的道德天性呢？如果有，他們是否會用來嘉惠其他生物呢（就像人類致力保存生物多樣性一樣，雖然我們做得不是很好）？我相信，如果他們的演化過程在早期是受到與人類相同的力量所驅動（這是很有可能的），則他們將會具有類似的道德本能。

你或許已經注意到了，到目前為止，我所描繪的外星人都是在他們的文明初期的模樣，相當於新石器時代人類的面貌。在新石器時代過後的這一萬年間，人類的文化不斷演進，從早期散布於各村莊的文明雛形，演變成今日遍及全球的科技文明。外星人也可能在因緣際會下，在幾千年前甚至幾百萬年前，就已經到達這樣的文明程度。既然他們的智能和我們相同，甚或遠比我們更高，他們是否可能早已修改了他們的基因符碼，以改變他們的生物特性？他們是否已經擴大了個人的記憶容量，並發展出新的情感以取代舊的情感，從而為他們的科學與藝術注入了無窮的創意？

我不認為如此。而且我相信，人類除了矯正一些會致病的突變基因之外，也不會這麼做。我認為，我們並不需要把自己的腦袋和感覺系統翻新，就可以生存下去。況且，至少就某個基本的層面來說，這樣做無異自取滅亡。當我們有朝一日，只要敲幾下鍵盤就可以取得所有的文化知識，當我們製造出了比人類更聰明、能力更強的機器人時，人類還有什麼事情可做？答案只有一個：我們會選擇保留我們目前這種混亂、矛盾、充滿內在衝突，但卻具有無窮創意的獨特心智。這樣的心智是一種真正的「創造」（Creation），是人類在尚未認出它的本質或了解它的意義，也尚未發明活字印刷或從事太空之旅時，就已經擁有的東西。未來，在有關人類存在的議題上，我們將會採取保守主義。儘管我們目前的心智軟弱而古怪，我們也不會創造出一種新的心智加以補強或取代，而且我相信那些聰明的外星人——無論他們在哪兒——也不會這麼做。這點令人感到欣慰。

最後一個問題：外星人如果知道有地球存在，會不會前來殖民？理論上，這是有可能的，甚至在過去幾百萬年乃至幾億年間，可能有許多外星人動過這個念頭。假設在地球的古生代之後，我們附近的銀河中出現了具有征服欲的外星物種。他們就像人類一樣，看到適合居住的地方就會忍不住想要入侵（只要他們能夠抵達那裡）。假設他們在一億年前就已經打算要開拓他們的宇宙生存空間，而他們花了一萬年的時間才抵達第一個適合居住的星球。接下來的一萬年間，他們又挾著更加完善的科技，從這個星球派出一支足以再占領十個星球的艦隊。如果以這種幾何級數般的速度成長，銀河中的大多數星球應該都已經成為這些外星人的殖民地了。

然而，這樣的事情卻從未發生，甚至從不曾開始，也因此我們這個可憐的小小星球才沒有淪為外星人的殖民地，以後也不會。從前確實可能——雖然這個可能性很小——曾有探測機器人拜訪過地球，在遙遠的將來，這樣的事情也有可能發生，但製造那些機器人的外星人並不會跟著一起前來。其原因有二：首先，所有外星人都有一個足以致命的弱點：他們的身體裡面幾乎必定會有微生物群（microbiomes，這是由和他們共生的微生物所形成的一整個生態系統，人體裡面也必須要有這類微生物群，才能維持生存）。此外，他們來的時候，也勢必得攜帶各種作物、類似水藻的東西，或其他能夠聚積能源的生物。最起碼他們得帶各種合成的生物前來當作食物。但他們應該知道：地球上每一種原生的動物、植物、真菌和微生物，都有可能導致他們和那些與他們共生的微生物死亡。這是因為我們的世界和他們的世界，無論在起源、分子結構和演化途徑等各方面，都大不相同。外星人的世界和我們的物種與生態體系將完全無法相容。

這種情況將會導致一場生物浩劫，而首先毀滅的將是那些前來殖民的外星人。地球的居民——包括人類和地球上所有的動植物——並不會受到影響；就算會，也只是短暫且區域性的影響。這種衝擊和目前澳洲和非洲之間、或北美洲與南美洲之間動植物的交流，所造成的影響並不相同。沒錯，近年來，不同大陸之間人為的物種交流，確實對各地的原生種生態體系造成了相當大的危害。許多外來物種大量繁衍，對各個地方（尤其是在那些已經遭人類破壞的棲地）的生態構成了威脅。有些外來種甚至已經壓縮了原生種的生存空間，使它們瀕臨滅絕。但比起外星人因為和地球的生態不相容，所將遭受的嚴重後果，這並不算什麼。因此，外星人如果想移民到一個適合居住的星球上，必須先把這個星球上所有的生命（包括微生物）都摧毀殆盡才行。所以，他們還不如待在原來的地方，至少多待個幾十億年。

由此我要談到，為何我們這個脆弱的小星球無須害怕外星人的第二個原因。這些外星人如果聰明到足以探索太空的程度，必然也會了解生物移殖（biological colonization）是何等野蠻的行為，其中又蘊含了多麼致命的風險。他們應該已經明白我們人類迄今尚未理解的一個道理：為了避免滅絕，或使他們自己的星球陷入惡劣不堪的狀況，他們必須先達到永續發展的目標，並建立穩定的政治體系，然後才能前往其他的星系。他們或許已經利用機器人小心地探索了其他一些有生命的星球，但並未加以入侵，因為他們沒有必要這麼做，除非是在他們的星球即將被摧毀的情況下。但他們如果有能力往返於不同的星系之間，應該也有能力避免自己的星球被毀滅。

今天我們當中有些人認為：當地球的資源告罄時，人類可以移民到另外一個星球去。但我相信，無論對人類或外星人而言，適合居住的星球只有一個，因此人類如果要永續生存，機會也只有一個，那便是我們現在所居住的地球。

11 生物多樣性的崩壞

有關地球生物多樣性的保存乃是存在於一個悖論中的困境。所謂的「悖論」指的是一個很矛盾的現象：被人類滅絕的物種愈多，科學家所發現的新物種也愈多。然而，就像昔日那些把印加黃金融化的征服者，人類也開始體認到地球的巨大寶藏終究有耗盡的一天，而且這一天很快就會到來。這樣的體認使人類面臨一個兩難的抉擇：我們應該為了後代子孫的福祉而停止破壞地球，還是應該反其道而行，為了滿足眼前的需求而繼續改變地球？如果我們決定採取後者，則地球將會進入歷史上一個無法逆轉的新紀元。有些人將它稱為「人類世」（Anthropocene）：一個屬於人類、為了人類而存在、以人類為中心，以致其他生物都淪為次要的時期。但我寧可將這個悲慘的未來稱為「孤寂時代」

（Eremocene），也就是「寂寞時期」（Age of Loneliness）。

科學家們將生物多樣性（請記住，我指的是除了人類之外的所有生物）分為三個層次：位於最上面的是各式各樣的生態系統，例如草原、湖泊和珊瑚礁等；其下便是各個生態系統中所包含的物種；最下面的則是會表現出物種特色的基因。

要衡量生物多樣性的程度，有一個很方便的指標，那便是物種的數量。一七五八年時，卡爾·林奈（Carl Linnaeus）開始率領他的學生和助手將物種做正式的分類（他的分類法一直沿用至今），結果發現全世界一共約有兩萬個物種。但當時他認為這個數字可能已經囊括了世上絕大部分（甚至全部）的動植物了。但是到了二〇〇九年時，根據澳洲生物資源研究中心（Australian Biological Resources Study）的調查，全球物種的數量已經增加到一百九十萬了。到二〇一三年時可能已經達到兩百萬之多。然而，這只是初步的數字而已，實際的數量可能遠遠不止於此。如果再加上目前尚未被發現的各種無脊椎動物、真菌和微生物，總數估計在五百萬到一億之間。

簡單一句話，我們對地球所知甚少。此外，發現新物種的速度也一直很慢。世界各地的實驗室和博物館都堆滿了新的物種，但每年被確認和命名的只有大約兩萬種（我從前在世界各地做研究時，就曾經發現大約四百五十個新的螞蟻品種）。假設世上還有五百萬個物種尚未被分類，則以這樣的速度推算，所有的分類工作要到二十三世紀中期才能完成。這種蝸牛般的速度簡直是生物學之恥。情況之所以會如此，是因為人們有一種錯誤的觀念，認為分類學已經發展到了頂點，而且已經是生物學中一個過時的學門。於是，這個其實還很重要的學科往往無法在學術界享有一席之地，只能在自然史博物館棲身，但這類博物館都因為缺乏資金而不得不縮減研究計畫的規模。

除此之外，企業界和醫學界也普遍不支持生物多樣性的研究。這是一個很嚴重的錯誤。結果將導致整個科學界的損失。分類學家所做的遠不止是為物種命名而已，他們也是各個領域的專家和主要的研究人員。現今我們對各種生物（除了人類以外）——包括線蟲、蟎、昆蟲、蜘蛛、橈腳類動物、水藻、禾本科植，和菊科植物等，我們賴以維生的動植物——的知識大多都源自他們。

一個生態體系遠不止是各種動植物的集合而已。它也是一個複雜的互動體系。其中若有任何一個物種在某種狀況下滅絕，就可能會對整個體系造成深遠的影響。環境科學上有一個我們不願面對的事實：一個生態體系通常是由至少數千個物種組成的，如果我們在沒有全盤了解的情況下，就逕自以人為的方式加以干預，將會使得這個生態體系無法永續。因此，對生態學來說，來自分類學和生物學研究（這些研究必須以分類學為基礎）的知識是不可或缺的，就像解剖學和生理學之於醫學一般。

如果沒有以上這些知識，科學家們很容易誤判哪些物種可能是所謂的「關鍵物種」（keystone species）——也就是整個生態體系所賴以維繫的物種。世界上已知最重要的關鍵物種或許是海獺了。這種動物是黃鼠狼的親戚，體型像貓一樣大，居住在阿拉斯加到加州南部的海岸。由於牠們的毛皮柔軟舒適，非常珍貴，因此成了人們捕獵的對象，到了十九世紀末期時，已經瀕臨絕種。隨之而來的是一場生態的浩劫。這是因為海獺瀕臨滅絕後，海帶也跟著幾乎消失了。海帶是從海底長出來的藻類，其高度可達海面。密集生長的海帶會形成濃密的海帶林，是許多種淺海生物棲身之處，也是若干種深海動物的育嬰場所。由於海獺以海膽（一種有刺的無脊椎動物）為主食，而海膽又以海帶為主食，因此當海獺消失後，海膽的數量便暴增，開始大量的啃食海帶，以致海床上有許多地方都變得像沙漠一樣荒涼，被稱為「海膽荒漠」（sea-urchin barrens）。其後，當海獺的族群受到保護並因而得以再度繁衍時，海膽的數量就開始減少，海帶林也再次出現。

如果我們連構成地球生態環境的大多數物種都不認識，又遑論如何照顧它們呢？保育生物學家一致認為，有許多物種會在尚未被發現之前就已經滅絕。即便純粹從經濟的角度來看，人類為物種滅絕所付出的機會成本也將極其高昂。試想，科學家只不過研究了少數的野生物種，就已經促成了許多藥物和新式生物科技的誕生以及農業的發展，大幅改善了人類的生活品質。如果大自然中沒有合適的真菌，我們就不可能發明抗生素。如果沒有野生植物的莖和果實可供食用、沒有種子可供選擇育種，人類就不可能發展出城市與文明。沒有狼，就沒有狗。沒有野禽，就不會有雞。沒有馬兒和駱駝，我們在陸上旅行時只好背著背包、拉手推車。沒有森林淨化水源並將水逐漸釋出，人類就不會有農業（除了產量較少的旱地作物之外）。沒有野生的草木和浮游植物，我們就沒有足夠的空氣可以呼吸。總而言之，沒有了大自然，就不會有人類。

簡而言之，人類若影響生物多樣性，無異自我戕害，是盲目愚蠢、未經思慮、反噬萬物的破壞行動。這些行為可以用ＨＩＰＰＯ這六個英文縮寫字母來代表。在世界上絕大多數地區，其重要性由左向右遞減。

H代表「棲地的喪失」（Habitat loss）。這是生物多樣性受到破壞最主要的因素，其影響遠勝於其他幾項。它指的是因森林砍伐、草原被闢為農地，以及氣候變遷（由人類各種沒有節制的行為所造成），所導致的動植物棲地縮減的現象。

I代表的是「入侵種」（Invasive species），也就是有害人類或環境（或兩者皆有）的外來物種。這些入侵種在世界各地都造成了危害。在受調查的每一個國家中，入侵種的品類和數量都急遽增加。儘管各國的入境管制措施愈來愈嚴格，但外來種入侵的速度卻愈來愈快。過去，佛羅里達州南部除了卡羅萊納長尾鸚鵡（Carolina parakeet，如今已經絕種）之外，並沒有其他鸚鵡，但現在卻種類繁多。除此之外，這裡還出現了兩種分別來自亞洲和非洲的蟒蛇，牠們會和食物鏈頂端的美洲鱷魚爭奪食物。

夏威夷是美國物種滅絕最多的地方，那裡特有的植物、鳥類和昆蟲（別的地方沒有的物種和亞種）消失的數量遠比其他任何一州更多。在一千多年前玻里尼西亞人首度登陸夏威夷時，當地特有的鳥類據估計約有七十一種，但是到了現在卻只剩下四十二種。這些鳥類數量之所以銳減有兩個原因。首先，十九世紀時，有人不小心把蚊子帶進了夏威夷，以致禽痘這種傳染病不斷蔓延。其次，當地的野豬喜歡在高地的森林中四處翻拱，把土壤挖得坑坑洞洞，積水每每留存其中，成為蚊子幼蟲的溫床。

此外，被人帶進非洲和美洲的熱帶地區的蛙壺菌（chytrid fungus, *Batrachochytrium dendrobatidis*，一種會寄生在青蛙身上的真菌），也對當地的青蛙造成了致命的威脅。這種寄生菌顯然是透過水族箱內受到感染的魚而入侵這些地方。它們會在青蛙的皮膚上蔓延擴散，使得後者因而窒息（青蛙是透過皮膚呼吸的動物）。迄今已經有許多種蛙類因此而滅絕或瀕臨絕種。

更令人憂心的是，有些入侵種植物甚至有能力摧毀整個生態體系，米氏野牡丹（velvet tree, *Miconia calvescens*）就是其中之一。這種野牡丹是源自美洲熱帶地區的一種美麗的小樹木，目前在全世界各地都有種植，以做為觀賞之用。但它對玻里尼西亞群島的生態也構成了威脅，因為如果不加以控制，它就會長得又高又密，排擠其他植物以及大多數動物的生存空間。

第一個P代表「汙染」（Pollution）。受到汙染危害最深的物種莫過於淡水水域的魚類和其他生物。但全球也有四百多個海域因為受到上游農地所排放的廢水汙染，成了所謂的「死亡海域」（dead zone）。

第二個P代表「人口成長」（Population growth）。這其實是促成其他幾個因素的力量。地球人口的成長預期將在本世紀末達到高峰，但人口增加所造成的危害，主要並不是在數字的本身，而是來自各國經濟成長時，人均消費快速上升，難以遏抑的現象。

最後的O代表「過度捕獵」（Overharvesting）。關於這一點，最佳的例證便是：從一八五〇年代中期到現在，有許多種遠洋魚類（例如鮪魚和劍魚）的全球捕獲量已經下降了九六％到九九％。這些魚種不僅變得更稀少，平均來說，漁獲的體型也比以前小。

毫無疑問的，目前全球各國都亟於了解地球生物的多樣性，並致力加以維護。海洋生物普查中心（The Census of Marine Life）和生命大百科計畫（Encyclopedia of Life），已經在網路上公布了我們所知的大多數地球物種的資料。同時，我們已經可以藉助各種新式科技，更加快速、準確地發現新的物種，並辨識那些已經被命名的物種。其中最值得注意的便是「生命條碼」技術（barcoding）。這種技術可以藉著閱讀一小段DNA（這些DNA非常繁複多變）序列的方式，進行物種鑑識。國際間的保育機構——例如，保護國際基金會（Conservation International）、美國的世界野生生物基金會（World Wildlife Fund-U.S.）和國際自然保護聯盟（the International Union for Conservation of Nature）——和許多政府與民間機構，正竭盡所能的做出各種努力，以期遏止生物多樣性失血的現象，而且他們的表現往往令人欽佩。

這些努力有了多少成果？二〇一〇年時，一群來自全世界一百五十五個研究團隊的專家，合力評估了兩萬五千七百八十種脊椎動物（包括哺乳動物、鳥類、爬蟲類、兩棲類和魚類）的現況，並將牠們分成從「安全」到「嚴重瀕臨絕種」等各個等級。結果他們發現其中有五分之一物種都有滅絕之虞，而且平均每年有五十二個物種滅絕的風險提高了一個等級，速度比人類足跡遍及全球各地之前快了一百到一千倍。據估計，在這項研究進行之前，各界在保育方面所做的努力已經減緩了至少五分之一物種滅絕的速度。這是一大進展，但仍遠不足以穩定地球的生態環境。試想，在發生致命的流行性疾病時，如果醫學界告訴我們：雖然資金不足，但他們已經做出了最大的努力，所以「只有」八〇%的病患會死亡時，我們會作何感想？

在這個世紀剩餘的時間裡，我們必須降低人類對環境所造成的衝擊，並減緩物種滅絕的速度。我們要扛起所有的責任，盡可能讓人類和其他生物度過這個關鍵性的時期，達到永續而快樂生存的目標。這是一個重大的道德上的抉擇。要實現這個目標，我們必須具備更多的知識，並體認我們所肩負的道義責任。在地球上所有的物種當中，唯獨人類能夠理解生物界的現象，看見大自然的美，並肯定個體的價值。也唯有人類能夠以慈悲之心彼此相待。那麼，現在我們是否也可以秉持同樣的精神，關懷那賦予我們生命的大自然？

IV

心靈的幻象

第一次啟蒙運動主要的成就之一是法藍西斯·培根確認了人類知性上的弱點，但現在我們可以從科學的觀點來解釋這些弱點，賦予它們新的定義。

12 本能

法國作家尚・布勒（Jean Bruller）——筆名韋科爾（Vercors）——在他於一九五二年出版的小說《你該知得》（*You Shall Know Them*）當中宣稱：「人類的所有煩惱皆起因於我們不知道自己是什麼，對於我們想要成為什麼，也沒有一致的看法。」他說得沒錯。

在這一段旅程中，我將回到原點，嘗試從普通生物學的角度來解釋為何人類的存在是如此奧祕的一個現象，接著再詳細說明，我們或許可以用哪些方式來解開這個謎團。

人類的心智是逐漸演化而成的，並沒有外力引導它朝向純粹理性或全然感性的方向發展。它向來是人類藉以存活的手段，而且理性和感性並用。它是在數百萬種可能性中，經由一連串錯綜複雜曲折、或大或小的步驟，才發展成今日的面貌。在這個過程中，每一步都是一個意外，是「基因突變」以及「自然擇汰」這兩個因素同時作用的結果。在這兩股力量的作用下，讓我們的大腦及感覺系統表現出特定形式與功能的基因被留存了下來。逐漸的，人類的基因組便形成了今日的面貌。在這個過程中的每一個階段，我們的基因組都很有可能發展成與現在不同的模樣，並特化出另外一種形式的大腦與感覺系統。果真如此，則我們成為人類的機會便大大的減少了。

這個兼具理性與感性的集合體（我們稱之為「人性」），只是許多我們可以想像得到的結果之一。它是自動形成的，原本可能存在許多形式，而且這些形式同樣都可以發展出人類等級的大腦和感覺系統，只不過目前這種形式最先發展出來而已。

因此，我們人類的自我形象一直受到各種根深柢固的偏見與誤解所扭曲。這些偏見與誤解便是，四百年前偉大的哲學家培根所指稱的，由迷信與欺騙所造就的「幻象」。培根指出，我們之所以會有這些「幻象」，並非文化上的偶發因素使然，而是由於人類「心智的普遍性」。

於是一直以來，人們的觀念一直都混淆不清。舉例來說，直到一九七〇年代，社會科學家的研究仍然側重人文領域。他們普遍認為，人類的行為主要（甚至完全）是受到文化的影響，與生物特性無關。有些比較極端的人士甚至聲稱：世上並沒有「本能」或「人性」這種東西。但是到了二十世紀末時，科學家們開始傾向以生物學的觀點來解釋人類的行為。時至今日，科學界已經普遍相信人類的行為受基因的影響甚鉅。他們認為，人類確實具有「本能」和「人性」，只是這兩者影響的層面多深、力量多大則尚未有定論。

以上這兩種觀點經常被稱為「先天與後天」（nature-versus-nurture）之辯。但事實證明，它們（至少就極端派的論點而言）都只對了一半。我們可以運用現代科學對「人類本能」的概念來解決兩者之間的歧異。這個概念如下文所述。

人類的本能基本上與動物的本能相同。不過，人類並不像大多數種類的動物一樣，純粹受基因操控，表現出一成不變的行為。關於動物的本能，在教科書上有一個很經典的例子，那便是三刺魚（three-spined stickleback，生長在北半球淡水和海洋中的一種魚）的雄魚捍衛地盤的行為。到了繁殖季節時，每一隻雄魚都會占據一小塊地盤，不讓其他雄魚進入。同時，牠的腹部也會變成鮮紅色。在這段期間，只要有任何一隻腹部是紅色的魚——也就是一隻會和牠競爭的雄三刺魚——進入牠的地盤，牠就會加以攻擊。但事實上，就算牠看到的不是一整條真正的魚，牠也會有反應。這是因為牠的小腦袋已經被設定成，只要看到紅色的腹部就會採取行動。當實驗人員把木頭切割成一個個類似圓形的物體，以及其他一些形狀並不像魚的東西，並在上面畫上一個紅點時，三刺魚也會同樣猛烈地加以攻擊。

有一回，我在實驗室裡養了幾隻來自各個西印度島嶼的變色蜥蜴，以便研究牠們如何宣示、捍衛自己的地盤。這種變色蜥蜴只有拇指一般大小，棲居在喬木或灌木上，以昆蟲、蜘蛛和其他小型無脊椎動物為食，數量繁多，到處可見。牠們的脖子下面有一片皮肉，名為「垂肉」（dewlap）。成年的公蜥蜴想要威脅對手時，就會張開這片垂肉。每個品種的蜥蜴垂肉的顏色不同，通常都是某個色調的紅色、黃色或白色，而雄蜥蜴只會對牠們那個品種特有的顏色起反應。但我發現，即使只有一隻雄蜥蜴，我也可以設法讓牠張開垂肉，不一定要有兩隻。只要用一面鏡子貼著飼養箱的一側，一旦裡面的雄蜥蜴看到牠自己在鏡中的影像，就會開始上演捍衛地盤的戲碼（當然最後都打成平手）。

雌海龜要產卵時會專程從海裡爬到沙灘上，然後再把產下的卵埋在沙子裡。小海龜從卵裡孵出來之後，會從沙裡鑽出來，立刻爬向大海，並進入海水中，從此在那裡度過一生。然而，剛出生的小海龜之所以會往大海的方向爬，並不是受到大海的景象與沿岸海水所散發出來的氣味所吸引，而是因為海面上所反射出來的光線比較亮。當實驗人員在小海龜附近打開一盞比海面上的光線更亮的燈時，即使這盞燈所在的方向與大海相反，小海龜還是會朝著燈爬過去。

人類和其他腦袋較大的哺乳類動物同樣具有某些遺傳的本能，會對某些關鍵性的刺激做出反應，但並不會像低等動物那般僵化，頭腦也不像牠們那樣簡單。尤其人類，更是處於一種被心理學家稱為「預備學習」（prepared learning）的狀態。我們有可能學會以一種或數種行為（選擇性很多）來替代我們本能的反應。無論在哪一種文化中，人們都會有一些偏頗的行為，儘管這些行為看起來不太理性，而且當事人事實上有許多機會可以做其他選擇。

我有輕微的「蜘蛛恐懼症」。我曾經試過，但到現在還是不敢去碰觸任何一隻掛在網上的大蜘蛛。即使我知道那蜘蛛不會咬我，就算咬了，也不會有毒，我還是沒有勇氣。這種沒來由的恐懼是從我八歲時，被一隻很大的鬼蛛屬的十字園蛛突如其來的動作嚇到之後就開始了。當時我看到那蜘蛛正安安靜靜、凶神惡煞般的掛在網子中央，便靠了過去，想把這個怪物（當時牠在我心目中就是如此）看個仔細，沒想到牠卻突然動了一下，把我嚇了一大跳。時至今日，我雖然已經知道這種蜘蛛的學名，並且很了解牠的特性（畢竟我曾經在哈佛大學「比較動物學博物館」當了幾年的昆蟲館館長），但還是不敢去碰那些掛在網子上的大蜘蛛。

這種憎惡有時會演變成恐懼症，患者會感到驚慌、噁心，甚至無法針對他們所害怕的對象做理性的思考。我對蜘蛛這種不必要的嫌惡還只是輕微的，事實上我還有一個（也是唯一的一個）真正的恐懼症：無論在任何狀況下，我都無法忍受別人用力按住我的雙手，並且蒙住我的臉。我仍然清楚記得這種情況是從什麼時候開始的。在八歲時（也就是我被蜘蛛嚇到的那一年），我動了一次可怕的眼部手術。當時醫院用十九世紀的方式幫我上麻藥：他們完全沒有對我做任何解釋就叫我仰臥在手術台上，然後把我的雙手按住，並用一塊布蓋住我的臉，在上面滴乙醚。當時我一邊掙扎，一邊大叫。在那個時候，我內心深處必定有個聲音說：「夠了，我永遠不要再這樣了！」直到今天，我偶爾還是會想：萬一有強盜拿槍對著我，並告訴我他要把我的雙手綁起來，同時用布套蒙住我的頭，我想我應該會告訴他：「不，不可以這樣。你乾脆一槍把我打死吧。」你看，我寧可死掉也不要被人綁起來、把臉蒙住。

恐懼症需要花很長的時間、做許多治療才能痊癒，但就像我和其他許多人的例子，一個人只要經歷過一次可怕的事件，就有可能得到這樣的毛病。另外一個例子是：有些人看到地板上突然出現會蠕動的東西之後，就可能從此非常怕蛇。

這種「過度學習」（overkill in learning）的現象，對人有什麼好處呢？我們可以在恐懼症的患者所害怕的對象中找到線索。他們所害怕的事物大多是蜘蛛、蛇、狼、流動的水、密閉的空間和成群的陌生人，而這些都是遠古時期的人類祖先和早期的狩獵採集部落，在那數百萬年之間所可能遭遇到的危險。當時他們如果在打獵時太靠近深谷，或者不小心踩到一條毒蛇，或突然遭到敵對部落襲擊時，就很可能會受傷或死亡。所以，為了安全起見，最好能夠快速的學習，記住危險的事件（不但記得清楚，還要記得久），並且不經過理性的思考便斷然採取行動。

相形之下，現代的人大多死於車禍、刀傷、槍傷和過量攝取鹽分與糖分，但人類卻尚未演化出避免這些危險的本能。這很可能是因為演化的時間不夠，不足以將它們烙印在我們的腦子裡。

恐懼症只是一個極端的例子，但所有經由「預備學習」而來的行為，在從前都有助於人類的祖先適應環境，也都是人類的本能之一。不過，其中大多數也會透過文化代代相傳。人類所有的社會行為都源自「預備學習」，但由於它是透過自然擇汰演化的結果，因此各種行為的強度不同。舉個例子，喜歡論人是非乃是人的天性。我們愛聽別人的人生故事，總是盡可能的挖掘相關細節。這是我們理解並形塑我們社會網絡的方式。我們大量閱讀小說、觀賞戲劇，但卻對動物的生活鮮少（甚至毫無）興趣，除非牠們和人類的故事有某種關聯。於是在人類的創作中：狗對其他的狗懷有情感，並且會渴望回家，貓頭鷹喜歡思考，蛇是鬼鬼祟祟的動物，老鷹則極度盼望能在高空飛翔。

愛好音樂也是人的天性之一。小小孩一聽到音樂，立刻歡天喜地、興奮莫名，但他們要到很大之後，才可能對數學運算產生興趣。這是因為音樂是早期的人類用來整合社會、提振情緒的方法，但數學運算則否。早期人類的心智能力雖然足以做精密的數學運算，但數學卻並非他們的喜好。唯有攸關擇汰與演化的事物，才會成為我們根深柢固的本能喜好。

全球各地的社會所共有的文化特色，都是擇汰力量作用的結果。曾有專家在整理一九四五年的「人類關係區域檔案」（Human Relation Area Files）的內容後，提出了一份很經典的報告，其中列出了世上所有文化均普遍具備的六十七個項目，包括體能競技活動、裝飾身體的行為、裝飾藝術、禮儀規範、家庭聚會、民間傳說、喪葬儀式、髮型、亂倫禁忌、遺產繼承的規範、開玩笑，以及為了贖罪而向神明獻祭等等（此處僅隨意列舉其中若干項）。

我們所謂的「人性」，其實是我們的情感，以及由這些情感所掌管的「預備學習」狀態的總和。有些人一直試圖解構人性，認為並沒有所謂的「人性」這一回事，但人性確實存在。它存在於我們的大腦結構之中。歷經數十年的研究之後，科學家們已經發現：人性並非來自決定我們的情感和「預備學習」狀態的基因，也不是所有文化共同具備的那些特質（它們只是人性的最終產物）。人性是人類的心智發展過程中，得自遺傳的一些規律行為，而這些行為又使得人類的文化朝特定的方向發展，因此它是人腦中基因與文化的連結。

人類的某些學習行為受到遺傳很大的影響，其中一個例子便是人們對居住地的選擇。成年人喜歡他們從小生長、對他們的性格有所影響的環境，有可能是山上，也有可能是海邊、平原乃至沙漠，但總而言之，都是最讓他們感到熟悉與舒適的地方。我本身大多數時間是在墨西哥灣附近的地區長大，因此我最喜歡的是低矮、平坦、向海面傾斜的平原。

不過，當研究人員針對尚未完全適應居住地文化的兒童進行研究時，所得出的結果卻不太一樣。在這個實驗中，研究人員讓志願受試者（他們分別來自好幾個在文化上有很大差異的國家）觀看各式各樣居住地（包括濃密的森林、沙漠地區，以及介於這兩者之間的各種生態體系）的照片，並問他們想住在哪裡。結果他們所偏好的地方都具有以下三個特質：居高臨下、可以看到散布著樹木和矮林的草原，並且鄰近水體（溪流、池塘、河湖或大海）。

這樣的地形，剛好和非洲古人類及我們最早的祖先居住了幾百萬年的非洲大草原非常相像。有沒有可能，他們對這種環境的偏愛仍然殘留在我們的「預備學習」中？這個所謂的「非洲大草原假說」（African savanna hypothesis）絕非憑空臆測。所有能夠走動的動物都會本能地選擇牠們最能夠適應的地方來居住，從最小的昆蟲到大象和獅子都是如此。如果不這麼做，牠們就比較不容易找到配偶或賴以存活的食物，也比較不知道該如何避開牠們不熟悉的寄生蟲和掠食者。

現今全球的鄉村人口都往城市流動。如果運氣好，他們的生活品質將會有所改善，因為在城市裡，他們居住的地方會比較靠近市場、學校和醫院，他們藉以謀生和養家活口的工作機會也比較多。但在其他各方面的條件都相當的情況下，如果他們能夠自由選擇，他們真的會寧可住在城市和市郊嗎？在都市生活如此繁忙擁擠、環境又如此人工化的情況下，這實在很難說。因此，我們最好去問那些有錢人，以便了解人們如果能夠自由選擇時，會比較喜歡住在什麼樣的地方。針對這個問題，一個景觀設計師或高檔房地產的仲介商會告訴你：有錢人比較喜歡住在可以居高臨下、俯瞰公園綠地，並且鄰近水體的地方。這些特色都沒有實用價值，但那些有足夠財力的人卻都不惜高價競相購買。

幾年前，我應邀到一位傑出而富有的朋友（他堅決相信人腦是一張白紙，並沒有所謂的「本能」這一回事）家裡吃晚飯。他的寓所位於一棟豪華大樓的頂層，俯瞰著紐約的中央公園。我們走到他家寬闊的陽台上時，我注意到陽台的外緣擺放了一排種在花盆裡的小樹。我們從那裡眺望著遠處公園中央的草地和兩座人工湖當中的一座時，都認為這樣的景觀很美。我原本很想問他：「我們為什麼會認為這樣的景色很美呢？」但我既是來作客的，所以只好忍住沒問出口。

13 宗教

西班牙偉大的神祕主義者聖女大德蘭（Saint Teresa of Ávila）曾在她一五六三到一五六五年的日記中描寫她的狂喜經驗，一種甜美的、極度的喜悅。這種經驗可以藉由音樂、宗教，和一些會導致幻覺的藥物——例如亞馬遜河流域用來增強宗教體驗的死藤水（ayahuasca）——來獲致。神經生物學家們已經發現：我們在聆聽音樂時所體會到的高峰經驗，至少有一部分是因為我們的大腦紋狀體會分泌神經傳導分子多巴胺所致。我們在飲食和性愛中所獲得的樂趣，也是源自這樣的生化酬賞機制。由於在舊石器時代就已經有了音樂（三萬多年前的人就已經開始用鳥的骨頭和象牙製造笛子），而且世界各地的狩獵和採集部落都擁有各自的音樂，因此我們可以合理推論，對音樂的愛好已經在演化過程中烙印於人類的大腦中。

在幾乎所有的現存社會（從狩獵、採集部落到文明都會）中，音樂都和宗教有著密切的關係。是否有一些基因會影響人類的神經和生物化學機制，讓我們天生就有追求宗教信仰的傾向，就像我們天生愛好音樂一般？根據宗教神經科學（這是一門相對較新的學科）的研究，答案確實是肯定的。科學家們不僅研究了雙胞胎基因的差異在這方面所造成的影響，也研究了致幻藥物所造成的類似宗教的體驗。此外，他們還研究腦部的損傷和疾病對個人宗教信仰行為的影響，並利用大腦顯影技術追蹤神經的活動。到目前為止，這些研究結果強烈顯示，宗教確實是人類的本能之一。

當然，宗教遠不止是人的生物本能。它的歷史幾乎和人類的歷史一樣古老。哲學的核心就是在試圖解開宗教之謎。神學中所表達出的是最純粹、最普遍的宗教形式，其核心問題乃是上帝的存在，以及上帝與人類的關係。但凡信仰虔誠的人士都想藉著某種方式接觸這位神祇。有人依照天主教的儀式透過化體（transubstantiation）的方式接觸祂的血肉，有人則祈求祂指引與降福。除此之外，大多數人也期盼死後還有生命，能夠進入一個屬靈的世界，與已逝的親友歡喜聚首。簡而言之，人們之所以追求神與靈性乃是希望能有一座橋樑，讓他們能從現實生活中進入一個超自然的世界。他們憧憬上帝的國度，希望死後他們的靈魂仍能在那裡享有平安、永恆的生命。

所以，人類的腦子渴望宗教，而宗教也因人腦而存在。在信徒生命中的清醒時刻，宗教信仰分分秒秒扮演著多種角色，其中最主要的便是滋養他們的心靈。所有的信徒都隸屬於一個大家庭，彼此如同兄弟姊妹一般，信靠並服從一個至高無上的律法，以換取永生的保證。

對於信徒而言，這位神祇的地位高於任何先知、大祭司、教長、祕教的聖徒、宗派領袖、總統、帝王、獨裁者等等。祂是永恆的、至高無上的領袖。同時，由於祂是超越凡俗的存在，擁有無限的能力，因此能夠行出人類所無法理解的奇蹟。在史前時期和歷史上的大部分時期，人們面對周遭所發生的現象——例如暴雨、洪水、劃過天空的閃電、孩童的猝逝等——大多只能靠宗教來解釋：這一切都是上帝的旨意。由於人們必須了解事物之間的因果關係，心靈才能獲得平靜，於是上帝便成了一切的因，而祂所行的事雖然對我們的生命充滿了意義，卻是我們所無法理解的。然而，隨著科學的誕生，人們逐漸明白，大自然的現象乃是其他種種可被分析的現象所造成的結果，便不再用超自然的說法來加以解釋，但人們在內心深處的本能驅使之下，仍然會受到宗教和那些類似宗教的意識形態所吸引。

現今的各大宗教都相信宇宙間有一位正直的神（或好幾種不同的神，祂們彼此或許也可以形成一個強大的家族）。這些宗教所提供的各種服務，對人類的文明有重大的貢獻。在教士或祭司主持之下，人們從出生到死亡各種階段的儀式顯得莊嚴而隆重。他們為基本的法律和道德規範賦予神聖的意味，撫慰受苦的人，照顧窮困的百姓，信徒們受到他們所樹立的典範激勵，會起而效尤，努力做世人和上帝眼中的義人。同時，他們所設置的教堂也是社區生活的中心，在人們無所依靠之際，這些神聖的殿堂（上帝在世間的居所）便成了最終的避難所，讓他們可以對抗世間的欺凌與迫害。因為有了這些宗教和神職人員的存在，人們也才比較能夠忍受暴政、戰爭、饑荒和天災的磨難。

不幸的是，這些宗教也不斷製造各種不必要的苦難。首先，它們妨礙人們理解現實，因而使得現實世界中的大多數社會問題都無法獲得解決。其次，它們有一個源自人性的缺點：「部族意識」（tribalism）。人們之所以信仰宗教，主要是受到部族意識的驅動，其次才是出於內心對靈性的渴求。而前者的力量遠遠大過後者。人們在內心深處都渴望隸屬於一個團體，無論它是宗教團體抑或世俗團體。在經歷了生命中的各種情感之後，他們知道自己必須和那些與他們有某種程度的親緣關係、說同樣的語言、有相同的道德觀、住在同一個地區、懷有同樣的社會使命，或做類似的穿著打扮（最好以上條件都具備，如果不行，起碼也要有兩三項）的人連結，才能過得快樂，甚至才能生存。而正是因為這樣的部族意識——而非宗教的道德信念或人道思想——才使得好人做出壞事來。

然而，很不幸的，宗教團體主要是以其「創世說」——也就是他們用來解釋人類為何會誕生的神奇故事——來做為自己的特色。而這個「創世說」也是他們部族意識的核心。無論這個故事聽起來如何溫和、高尚，說得如何委婉，其重點便是向該團體的成員保證他們是上帝的寵兒，並告訴他們其他宗教的成員拜錯了神、採用了錯誤的儀式、追隨了假的先知，並且誤信了那些荒誕不經的創世之說。這種說法雖然是對其他宗教的殘酷歧視，但唯有如此，他們才能滿足自己的靈魂的需求。我想世上大概沒有任何一位伊斯蘭教長會建議他的徒眾試著去信奉羅馬天主教，也沒有任何一位神父會建議天主教的信徒去嘗試信仰伊斯蘭教。

當信徒接受了某個特定的創世說，以及其中所宣稱或允諾的種種奇蹟，我們便說他有了信仰。從生物學的角度來看，信仰乃是生物在演化過程中為了求生存和提高繁殖率所使用的一種手段。部族的成功造就了信仰。當一個部族與其他部族競爭時，可以藉由信仰來統一內部，而那些善於利用信仰來贏得他人支持的成員，也可以藉此在部族之內取得成就。在舊石器時代，由於各地衝突不斷，宗教信仰乃於焉誕生。直到今日，戰禍仍未稍歇。在宗教色彩較淡的社會中，信仰往往會被轉化成近似宗教的政治意識形態。有時人們的宗教信仰甚至會與他們的意識形態合而為一，這時他們就會認為：「上帝贊同的是我的政治理念，不是你的，而且我的理念比較忠於上帝。」

宗教信仰對信徒的心理有很大的助益，不僅說明了他們存在的意義，也讓他們感覺自己比其他部族的成員更受到神的關愛與守護。但他們也必須付出一些代價。在較為原始的社會中，神明和祭司會要求信眾全心的信仰、絕對的順服，不得有所質疑。這是一宗靈魂的交易。在人類演化的過程中，這是唯一足以使得部族成員團結一致的方式，無論在承平時期或戰爭時期都是如此。宗教信仰可以讓部族的成員獲得某種足以自豪的身分，並使其行為規範具有正當性，同時也解釋了生死之謎。

在過去這千百年間，一個部落如果不以某種創世說來說明它存在的意義，它絕對無法生存。一旦失去了信仰，成員便不會盡心盡力為部族服務，也會逐漸失去共同的目標。這類創世說必須在部族形成的初期——猶太基督教是在鐵器時代晚期，伊斯蘭教則是在西元第七世紀——就加以確立，才能發揮作用。一旦確立了，其中的任何一個部分都不能揚棄，不許任何人提出質疑。如果有某個教義已經不合時宜，唯一的解決方式便是巧妙地避開、蓄意地遺忘，或者乾脆提出一個新的教義。

很明顯的，不可能有兩種創世說同時為真。已知的數千個宗教或教派的說法必然都不是真的。許多有識之士已然明白他們所信仰的宗教並不可靠，至少有些細節令人存疑。但他們明白一個道理（據信是羅馬斯多噶學派的哲學家小塞內卡所說的道理）：宗教在凡夫俗子的眼中是真的，在智者的眼中是假的，在統治者的眼中則是有用的。

科學家因本性使然，在談到宗教時往往很小心謹慎，即便在表達他們對宗教的懷疑時也是如此。據說傑出的生理學家安東・卡爾森（Anton J. Carlson）在被問到，他對羅馬教皇庇護十二世在一九五〇年宣稱聖母瑪利亞的肉身升天一事有何看法時，他是這麼回應的：他當時並不在場，所以無法確定，不過有一點他倒是很肯定，她升到三萬英尺的高空時必然就昏過去了。

關於宗教的話題既然如此棘手，我們是否乾脆就別提了？我的意思不是要否認問題的存在，而只是把它忘了？畢竟全世界絕大部分人士對這個問題或多或少都是睜一隻眼、閉一隻眼的。但這樣的做法是很危險的，無論就短期或長期而言都是如此。現今，國與國之間的戰爭雖然已經逐漸減少（這顯然是因為大家都擔心發動戰爭可能會導致兩敗俱傷的局面），但暴動、內戰和恐怖分子攻擊行動仍然盛行。在這些動亂中之所以會發生大規模殺戮事件，主要原因便是部族意識。而部族意識主要又是透過宗教衝突——尤其是信奉不同創世說的人士之間的衝突——表現出來。在筆者撰寫此書之際，我們這個文明世界正上演著什葉派和遜尼派穆斯林互相殘殺、巴基斯坦各城市的阿哈默底亞穆斯林（Ahmadiyya Muslims）遭其他穆斯林殺害，以及緬甸的穆斯林被以佛教徒為首的「極端分子」大規模屠殺等駭人的情景。就連極端正統派的猶太人抵制改革派的猶太婦女，不讓她們接近「西牆」（譯註：即哭牆）的行動，也是這種社會病態的初期症候，令人憂心。

宗教鬥士並非異數。我們不能把信仰某個宗教或某種類似宗教般的意識形態的人，分成「溫和派」和「極端派」兩派。這是錯誤的做法，因為真正導致仇恨與暴力的，乃是不同信仰之間的對立，而這種對立乃是「部族意識」這個人類原始本能的展現。好人之所以會做出壞事，正是因為信仰的緣故。人們無法忍受別人抨擊他們個人或他們的家庭、國家和宗教信仰（創世神話）。以美國為例，在這個國家的大多數地方，人們都可以公開發表自己對宗教議題——包括上帝的本質乃至上帝是否存在等——的看法，但僅限於神學和哲學上的討論。但如果牽涉到個人和團體的宗教信仰（創世神話），則無論它們有多麼荒謬，你最好不要提出質疑。如果你貶低他人神聖的信仰，就是一種「宗教上的偏執」，形同對他們個人所造成的威脅。

除此之外，人們的宗教情懷也一直為信仰所挾持。各教的先知和領袖一直有意無意地利用人們的宗教情懷，來為他們所屬的教派服務。他們為神舉行各種莊嚴神聖的典禮、儀式和祭祀，以換取現世的安穩和永生的希望，同時並要求神做出正確的道德抉擇。以基督宗教而言，大多數教派都宣稱上帝反對同性戀、人工避孕、由女性擔任主教和進化論。

美國的開國先賢很清楚宗教衝突可能帶來的危險。喬治．華盛頓曾經表示：「在人與人之間的各種仇恨當中，最根深柢固、最令人痛苦的莫過於宗教上的對立，因此我們應該加以撻伐。」詹姆士．麥迪遜（James Madison）也同意他的看法。後者指出，宗教衝突會導致「血流成河」。約翰．亞當斯（John Adams）則堅稱「美國絕非以基督教立國的國家」。但後來美國並沒有堅守這樣的立場。現今的政治領袖幾乎都不得不向選民保證他們本身具有宗教信仰，即便他們所信仰的教派在大多數人眼中顯得荒謬可笑，就像米特．羅姆尼（Mitt Romney）所信奉的摩門教一般。此外，美國總統也經常傾聽基督教人士的建言。一九五四年時，美國的「效忠誓詞」（Pledge of Allegiance）中，甚至納入了「上帝之下」（under God）這幾個字。直到今天政壇上還沒有一個夠分量的候選人敢提議將它拿掉。

大多數探討宗教議題的作家都將人們超越現世、追求生命意義的行為，與各宗教捍衛自己創世神話的做法混為一談。他們認同（或不敢否認）宇宙間確實有一位神存在，並認為創世神話代表人類在追求今生的救贖與死後的永恆生命時，與神溝通的一種努力。身為知識分子，他們全都做了某種妥協。其中包括尼布爾派（Niebuhr）的開明神學家、一些論調含糊的哲學家、崇拜C．S．路易斯（C. S. Lewis）的文學界人士，以及其他經過深思之後相信宇宙間必然有「某一種存在」的人士。他們往往對史前的歷史和人類的本能演進的過程毫無所悉，因此無從對這個非常重要的議題有清楚的體認。

這些作家所面對的是一個無解的難題。那便是矛盾的十九世紀丹麥大哲學家齊克果所謂的「絕對的矛盾」（the Absolute Paradox，或稱「絕對的困思」）。他表示，基督教要信徒接受的教義——尤其是它創世神話的核心——不僅是不可能的，也是令人難以想像的，因此是荒謬的，「荒謬之處在它說永恆的真理便開始存在了，說上帝便出現了，說祂誕生了、長大了等等，並且變得像人一樣，和其他人沒有兩樣。」他接著指出，儘管基督教宣稱這是事實，但我們還是無法理解上帝為何會以基督的身分進入人間受苦。

這個「絕對的矛盾」難倒了所有想要解答肉體與靈魂問題的宗教人士。他們無法想像，一位能創造出一千億個銀河系、並且無所不知的神會像人類一般有著種種情緒，包括愉悅、慈愛、慷慨、記恨等等，並且不知何故總是漠不關心世人在祂的統治之下所承受的各種苦痛。有人說，這是因為「上帝在考驗我們的信心」，也有人說「上帝以神祕的方式做工」，但這類說法並不足以解答這個疑問。

榮格曾說，有些問題永遠無法解決，只能讓它隨著時間過去。「絕對的矛盾」想必也是如此。這個問題之所以無法解決，是因為根本沒有什麼需要解決的。問題不在於上帝的本質或上帝是否存在，而在於人類這個物種的起源、人類心智的本質，以及我們為何能演化成生物界最頂尖的物種。要在這個真實的世界生活，最好的方式便是擺脫鬼神。

14 自由意志

腦神經科學家們很少提到「自由意志」。他們大多認為這個題目最好留給哲學家討論（至少就目前而言是如此）。他們的意思似乎是：「等我們準備好並且有時間的時候再說吧。」現在他們把研究的心思放在一個前景更樂觀、更實際的題目上，那便是：意識的物質基礎（自由意志乃是意識的一部分）。對人類而言，最重要的科學研究莫過於試圖了解人類的意識是怎麼一回事。無論科學家、哲學家或宗教人士應該都會同意神經生物學家傑拉爾德．埃德爾曼（Gerald Edelman）的看法：「有了意識，人類才得以展現我們所具有的各種寶貴特質。一個人如果永久喪失了意識，即便身體還有生命徵象，仍然形同死亡。」

意識的物質基礎並不是一個容易理解的現象。人腦是宇宙間已知的有機或無機系統中最複雜的一個，由數十億個神經細胞（神經元）組成。每一個神經細胞都會形成突觸，並與平均約一萬個其他神經細胞溝通，溝通的方式則是以薄膜放電模式產生數位碼，並經由其軸突所形成的路徑發送。整個腦子分成不同的區域、核心，以及劃分各部位功能的運作中心。大腦裡的這些部位，會對荷爾蒙和來自大腦外的感官刺激產生不同的反應。我們全身各個部位的感覺神經元與運動神經元也會與大腦密切溝通，幾乎可以說是大腦的一部分。

人類的遺傳密碼中有兩萬到兩萬五千個基因，其中有一半都以某種方式參與了「頭腦—心智」系統的指令。這是人類的大腦在演化過程中快速發展的結果。事實上，人腦是演化最迅速的高等生物器官之一。在三百萬年的演化過程中，它的尺寸從南猿人時期的頂多六〇〇C.C.，到巧人時期的六八〇C.C.，一直到現代智人的大約一四〇〇C.C.，足足成長了一倍多。

兩千多年來，陸陸續續有哲學家試圖解釋什麼叫做意識。當然，他們非得這麼做不可，因為這原本就是他們的工作。然而，由於他們對生物學一無所知，因此在這方面自然沒有什麼進展。事實上，我們可以說，一整部哲學史大致上就是由一些有關大腦的錯誤說法所組成的（我相信這樣的說法並不算太嚴苛）。到了現代，若干神經哲學家——例如派翠西亞．喬其藍（Patricia Churchland）和丹尼爾．丹奈特（Daniel Dennett）——開始解釋神經科學的各項研究結果，並且已經有了了不起的成果。比方說，他們讓人們了解到，人類的道德意識和理性思考其實只扮演了一個次要性的角色。但有些哲學家——尤其是那些傾向後結構主義的人士——的態度則比較保守，他們認為這些腦科學家的研究「過於簡化問題」、「強調客觀主義」（objectivist），懷疑那些研究是否真的能夠解釋意識的核心。他們的看法是：就算意識真有物質上的基礎，意識的主觀性也無法以科學方法加以探究。為了證明他們的論點，這些被稱為「神祕主義者」（mysterian）的哲學家談到了「感質」（qualia），也就是我們在受到感官刺激時，所經驗到的那種微妙的、幾乎無法言傳的感受。舉例來說，我們知道「紅色」在物理學上是什麼顏色，但「紅色」會讓人產生哪些深層感受？這是無法以科學方法研究的。顏色尚且如此，範圍更大的自由意志乃至靈魂，又如何能被那些腦科學家參透呢？

這些持懷疑態度的哲學家所採取的步驟是從總體到細節，並且是向內尋求的。他們思考我們的思維方式，然後加以解釋，或找出之所以無法解釋的理由。他們也會描述現象，並提出一些引人深思的例子。他們的結論是：我們意識中有某種東西和一般的現實事物有根本上的不同。無論那是什麼，最好還是留給哲學家和詩人來處理。

但神經科學家們（他們向來堅持由細節到總體）可不吃這一套。他們很清楚這件事有多麼困難，就像登山一樣，並非一蹴可幾。他們認同達爾文的說法：人的心智就像一座無法從正面進攻的堡壘。因此，他們沿著城牆以各種不同的方式進行探索，偶爾在這兒或那兒鑿出一個缺口，再運用他們巧妙的技術和力量進入這座城堡，在可以使力的地方進行探索，以期深入心智的幽微之處。

要當個神經科學家，你得要有信心才行。假定意識和自由意志真的存在，有完整的過程和實體，誰知道它們可能躲在哪兒呢？假以時日，它們是否會像毛毛蟲轉化為蝴蝶一般，從一堆數據中浮現？讓我們看了之後，像詩人濟慈筆下的西班牙冒險家巴爾博亞（Balboa）身邊的人馬一般目瞪口呆、臆測紛紛？目前，神經科學方面的研究已經得到愈來愈多的資金挹注，這主要是因為這些研究和醫學相關。相關的研究計畫愈來愈多，每年的預算從幾億到幾十億美元都有，成了科學界所謂的「大科學」（Big Science）。同樣的熱潮也見諸癌症、太空梭和實驗粒子物理等方面的研究。

在筆者撰寫本書之際，神經科學家們已經展開了從前被達爾文視為不可能做到的「直搗黃龍式的進擊」。他們打算進行一項被稱為「大腦活動圖譜」（the

Brain Activity Map, BAM）的計畫。這個構想是由美國的國家衛生研究院（National Institutes of Health）和國家科學基金會（National Science Foundation）等幾個重要的政府機構所提出，並與艾倫腦科學研究所（Allen Institute for Brain Science）合作進行，目前已經獲得了歐巴馬總統的支持，成為政府的政策之一。如果能夠獲得充足的資金，這項計畫的規模將等同二〇〇三年生物學界所完成的那項劃時代的「人類基因組計畫」（Human Genome Project）。其目標是要即時掌握腦內每個神經元的活動情況，但它所需要的技術仍有一大部分有待研發。

繪製大腦活動圖譜的初步目標是，找出所有的思想過程（包括理性的、感性的、有意識的、前意識的、無意識的、靜態的和動態的）與肉體之間的連結。這項工作並不容易。無論是咬一口檸檬、倒在床上、想起一個已逝的友人，或看著夕陽西沉，每一個事件都包含了大量精細繁複、迄今仍鮮為人知，甚至讓我們無從想像的神經元活動，絕對不只是一堆細胞在放電而已。

有許多科學家對大腦活動圖譜計畫抱持懷疑的態度，但這並不是什麼新鮮事。之前的人類基因組計畫和美國太空總署所主導的許多太空探索計畫，也曾遭遇類似的抗拒。但有關單位之所以積極推動大腦活動圖譜計畫有其原因：它的成果將可實際應用於醫療上，尤其是醫學界，可藉此了解精神疾病如何表現在細胞與分子上，並在病人尚未有症狀時就發現有害的突變。

假定大腦活動圖譜計畫或其他類似的計畫成功了，它們將如何解開意識與自由意志之謎呢？我認為，只要神經生物學的研究計畫持續有充足的預算挹注，答案可能在大腦活動圖譜計畫的初期或中期就可以揭曉，無須等到整個計畫完成。這是因為目前在大腦研究方面已經累積了大量的資料，如果能與演化生物學的法則結合，則這項研究應該很快就會有結果。

我之所以如此樂觀，有好幾個理由。首先，意識是在演化過程中逐漸產生的。人類的意識並非像開關一打開就會瞬間發亮的電燈泡一樣，在一夕之間就達到很高的程度。人類的大腦是在從巧人到智人這段期間逐漸變大的。這顯示人類的意識就像其他複雜的生物系統（例如真核細胞、動物的眼睛，或昆蟲的群體生活）一般，是經過好幾個階段才演化出來的。

因此，科學家們應該可以研究那些發展程度不及人類的動物，藉此了解人類的意識如何一個階段、一個階段的發展到目前的程度。早期的大腦圖譜研究以老鼠為對象，頗有成果，預期未來也將會有許多斬獲。以老鼠為研究對象有許多優點，其中包括牠們是很容易在實驗室中飼養的一種哺乳類動物，而且曾經被大量運用於有關基因和神經科學的研究中。不過，如果要進一步了解意識發展的實際順序，科學家們也不妨研究舊世界靈長類（Old World primates）中種系和人類最近的幾種動物，包括比較原始的狐猴、嬰猴，以及較高等的獼猴和黑猩猩等。這樣的對照將可顯示，其他物種的大腦有什麼樣的神經迴路和神經活動、是在什麼時候、依照什麼樣的順序發展出來的。這類資料或許可以讓我們很快就發現人類獨有的神經生物學特徵。

要探索意識與自由意志，第二個方法便是辨識哪些是「湧現現象」（emergent phenomena），也就是那些只有在既有的實體和過程結合時，才會產生的實體和過程。依照目前的研究結果來看，這些現象將會出現在感覺系統和大腦的各個部分連結並同步活動的過程中。

此外，我們可以把人類的神經系統想成是一個組織嚴密的「超級生物體」，一個由細胞組成的社會，其中每個部分分工合作、各司其職，而人體大致上是以這個神經系統為核心，扮演一個支援的角色。兩者的關係就像螞蟻（或白蟻）的蟻后和牠麾下那群工蟻一般。這些工蟻本身並不聰明，只會依照牠們的本能無知而盲目的行事，行為模式僵化、鮮少彈性。牠們被設定成一次只做一件或兩件工作，等到年紀大時，便轉任某個特定的職務（通常是由保母轉任建築工人，或由警衛轉任食物採集者）。然而，由全部的工蟻所形成的這個群體卻很聰明。牠們會同步把所有必要的工作做好，遇到可能致命的緊急狀況（如洪水、饑荒或敵人來襲）時，也會機動地採取因應措施。你可別認為把人的神經系統比喻為一群螞蟻有點誇張，事實上，自從一九七九年侯世達（Douglas Hofstadter）發表他的經典作品《哥德爾、埃舍爾、巴赫：集異璧之大成》（*Gödel, Escher, Bach: An Eternal Golden Braid*）以來，類似的主題便是文學作品經常探討的內容。

讓我樂觀的另外一個因素是：人類感官能夠覺知的範圍很窄。由於我們有眼睛、鼻子和其他感官，因此會有一種錯覺，以為自己能夠感知周遭幾乎所有的事物，但正如我先前所強調的，我們其實只能感知時空中非常微小的一個部分，對我們置身其中的能量場更是鮮少覺察。我們在身處連續體片段的交集處所覺察到的事物，便形成了我們的意識。它讓我們得以知道現實世界（說得更確切一些，應該是我們的古人類祖先逐漸演化的那個世界）中，與我們的生存最密切相關的事件。科學家們只要能夠了解人類的感官所接收到的資訊及人類演化的歷史，便能夠了解意識的一大部分，而這方面的研究或許會比我們原先所想像的更容易有進展。

最後，我之所以樂觀的另一個理由是：人類是需要交談的動物。我們的心智是由各種故事組成的。在眼下的每一個瞬間，都有大量關於現實世界的資訊如潮水般湧入我們的感官。然而，我們的感官除了本身有很大的侷限之外，它們所接受的資訊也多到遠遠超出大腦所能處理的程度。不僅如此，我們還會回想從前所發生的事件，以做為這些資訊的背景，並藉以理解它們的意義。我們會將過去的事件與剛發生的事情做個比較，並考慮從前所做的決定（有可能是正確的，也可能是錯誤的），然後設想出未來可能發生的各種狀況，並加以衡量取捨。而這些選擇會受到我們已被激發的情緒中心影響，或者受到抑制，或者受到強化。最近有一些研究就顯示：我們的決定是在大腦中與意識無關的區域做成的，過了好幾秒鐘之後，才會傳到有意識的部分。

我們的意識完全是由各式各樣的故事組成的。我們會不時回顧過往的經驗，並臆測未來可能發生的各種狀況。這些故事在經過我們那些貧弱的感官處理之後，大部分必然都符合目前現實世界的狀況。我們之所以回憶過去的事件，有時候是為了從中獲得樂趣，有時候是為了演練某個狀況，有時候則是為了規劃未來（當然，也可能是三者兼具）。這些回憶當中有些會被轉化成「抽象的事物」（abstractions）或「隱喻」（metaphors）這兩個較高階的「通用單位」（generic units），以便增加意識運作的速度和效能。

大多數有意識的活動都包含人際互動的成分。我們對他人的過去以及情緒反應很感興趣。在玩遊戲（無論是真正的遊戲或想像中的遊戲）時，我們必須能夠解讀他人的意圖和對方可能會有的反應。要進行如此複雜的活動，必須要有一個裝載龐大記憶庫的大腦袋，而人類在許久之前，為了存活已經演化出了這樣的一個大腦袋。

如果意識有其生理上的基礎，自由意志是否亦然？或者，我們可以換一種方式來問：在大腦的各種活動中，有沒有任何東西可以掙脫大腦的機械化運作方式，創造出屬於自己的劇本，並且自己做決定呢？答案當然是「自我」（the self）。但自我是什麼？位於哪裡？它不可能是一個獨立存在於大腦中的超自然存有。相反的，它是我們的意識中各種故事情節的主角，永遠位於舞台中央，若非參與故事情節，便是扮演觀察員、評論員的角色，因為那裡是來自感官的所有資訊匯聚並整合的地方。組成我們意識的那些故事，不能脫離心智在肉體上的神經生物系統。這個系統既是編劇，也是導演和全體演員。這個自我雖然會從那些故事情節中得到一種假象，以為它是獨立的，但事實上它仍是身體的構造和生理機能的一部分。

無論如何，我們將永遠說不清「意識」究竟是怎麼一回事。假設神經科學家真的以某種方法得知了一個人大腦運作的所有過程，他們是否就能夠解釋那個人心裡在想什麼？不，還差得遠。要這麼做，他們必須開啟那個人腦子裡所儲存的各式各樣、許許多多的回憶，包括他能夠立刻想到的畫面和事件，以及被埋藏在「無意識」深處的回憶。這可是一個很浩大的工程。就算他們做到了，也會改變那些回憶，以及對那些回憶產生反應的情感中樞，使得一個新的心智出現。

此外，還有「偶然性」這個因素。我們的身體和大腦是由一群群彼此會互相溝通的細胞所組成，這些細胞會出現各式各樣連我們的意識都無法想像到的變動。它們在每一瞬間都會受到各式各樣來自外界的、令人難以預料的刺激，任何一個刺激，都可能會導致局部的神經運作模式出現一連串的變化，而這些變化又會使得心智中的各種故事情節發生極其微細的改變。心智的內容是動態的，分分秒秒都會隨著每一個人獨特的成長背景與生理特性發生不同的變化。

由於個人的心智無法被它本身或任何研究人員所充分理解，因此自我——人類意識劇本中的明星演員——使得以繼續對它的獨立性與自由意志深信不疑。這對人類的進化是非常有利的，相信我們有自由意志，可以幫助我們適應環境。如果沒有這樣的信念，我們的意識——它頂多只是我們通往現實世界的一扇脆弱、黝暗的窗口——便註定會為宿命論所苦。在這種情況下，我們的意識便會如同被判終身單獨監禁的囚犯一樣，無法自由探索，享受不到任何驚喜，然後便逐漸退化。

如此說來，所謂「自由意志」是否真的存在？是的，就算它不是終極的事實，但至少從維持人類心理健康、讓人類能夠永續發展的角度來看，它確實有存在的必要。

V

人類的未來

在這個科技時代，自由有了一個新的意義。就像孩童長大成人一樣，我們有了遠比從前更多的選擇，但同時也因此承擔了更多的風險與責任。

15 獨自在宇宙間自由生存

有關人類的故事告訴了我們什麼?我所謂的故事指的是科學呈現在我們眼前的事實，不是浸泡在宗教和意識形態中的那個古老而過時的版本。我相信現有充分而清楚的證據顯示：我們人類是在地球的幾百萬種生物中偶然演化而成的一個物種，並不是由某個超自然的智慧存有所創造的。儘管我們希望事實並非如此，但並沒有證據顯示有一個神明以其恩典眷顧我們。同時，人類顯然並未被賦予任何既定的命運或目的，在今生結束之後也不一定有來世。看來，我們是全然孤單了。但在我看來，這是一件很好的事情。這意味著我們擁有絕對的自由。在有了這樣的自由之後，我們將得以更容易地診斷出那些無端導致人們分裂、對立的非理性信念是如何形成的。如今，我們已經擁有前人所無法想像的新的可能性，並因而得以更有信心地朝著古往今來最偉大的目標——促成人類的團結——邁進。

要達到這個目標，先決條件是要對我們自己有正確的認識。那麼，人類的存在究竟有何意義？我先前曾經提過，我認為其意義在於：人類從原始的生物開始一路演化，進入史前時期，然後有了歷史，如今又一天一天、日益快速地進入無窮無盡的未來，這個過程本身就是一部壯闊的史詩。另外一個意義則在於，我們未來將選擇做一個什麼樣的物種。

要談論人類的存在，就必須認清人文學科和自然科學之間的差異。人文學科所做的是，仔細探究人類彼此之間的關係，以及人類與環境（包括各種具有美學和實用價值的植物與動物）之間的關係。這兩者之外的所有事物則是自然科學所探索的範圍。人文學科的世界觀是自給自足的，它描述人類的境況，但並未探討人類為何成為現在這種——而非別種——模樣。自然科學的世界觀則大得多，它涵蓋了人類存在的意義——人類境況的通則、我們在宇宙中的位置，以及人類是如何誕生的。

人類之所以存在是演化過程中的一個意外，是基因偶然的突變加上自然擇汰的結果。遠古的「舊世界」靈長類動物（包括原猴類、猴子、猿和人類）在歷經許多變異之後，形成了許多物種，而人類只是其中之一。現今「舊世界」靈長類動物中除了人類之外，還有好幾百個原生物種，每一種都是一連串變異的結果。當初人類也很有可能停留在「南猿人」的階段，擁有如同猿一般大小的腦子，靠著採集水果和捕魚維生，最後也像其他南猿人一般遭到了滅絕的命運。

這四億年來，在大型的陸棲動物之中，智人是唯一能夠發展出高度智商、足以締造文明的一個物種。在其他種動物中，智商和我們最接近的是親緣關係和人類最近的黑猩猩（目前包括一般黑猩猩和倭黑猩猩等兩個品種）。人類和黑猩猩原本源自同一個非洲祖先，但在大約六百萬年前兩者開始分道揚鑣。其後，在大約等於二十萬個世代的演化過程中，人類的基因出現了一連串重大的變化。當初人類祖先的演化方向之所以有別於黑猩猩，是因為他們擁有若干優勢。一開始時是因為他們有一部分時間棲居在樹上，因而得以自由運用他們的前肢。後來，他們更進一步改變了生活形態，大部分時間都住在地面上。此外，他們從祖先那兒遺傳到很大的腦子，並且居住在面積廣大、氣候大致溫和、有大片的草原，以及空曠、乾燥的森林的陸地上。後來，他們的棲地時常發生火災，使草本植物和灌木得以生長，這也是有利他們演化的條件。更重要的是，因為那些火災的緣故，他們終於改變了膳食形態，改吃煮熟的肉。由於在演化的過程中，這些條件很難得地同時齊備，再加上他們運氣很好（當時的氣候沒有發生毀滅性的變化，也沒有火山爆發或嚴重的大規模傳染病），這些人類祖先才得以逐漸發展成人類。

時至今日，這些人類祖先的後代已經變得如同上帝一般，不僅密集地分布於這個星球上一大部分的土地，對其他地方也或多或少造成了影響。我們成了地球

——乃至我們這個星系——的主宰，可以對地球為所欲為。同時，我們還經常談到有關地球毀滅的事，包括核子戰爭、氣候變遷，以及《聖經‧啟示錄》中所預言的「基督再臨」。

人類的本性並不邪惡。我們有足夠的才智、善意、氣度與冒險精神，能將地球變成人類和其他生物的樂園，而且很有希望在本世紀末之前就趨近或達到這個目標，然而我們卻遲遲沒有作為。這是因為智人本質上就是一個不健全的物種，受到了「舊石器時代的詛咒」（Paleolithic Curse）：人類為了適應狩獵與採集生活所演化出來的本能，雖然在過去數百萬年間一直非常管用，但在這個全球都市化、科技化的時代，卻逐漸形成了一個障礙。當聚落的規模變大，超過村莊的層級時，我們似乎就難以採行穩定的經濟政策與管理措施。此外，全球至今仍有大半人口受制於那些具有部族意識的宗教組織。這些宗教組織的領袖為了讓信眾順服，並爭取他們所能提供的資源，都宣稱自己擁有超自然能力。我們人類一向耽溺於部落衝突。這類衝突如果被昇華為團隊運動，不僅無害，還具有娛樂功能，但如果表現在種族衝突、宗教紛爭和意識形態的鬥爭裡，則會產生致命的破壞力。除此之外，人類還有其他與生俱來的傾向：我們太過自我中心，不但沒有採取行動保護其他生命，還不斷破壞那無可取代、無比寶貴的資產——我們的自然環境。我們應該提出新的人口政策，以便使人口的密度、地理分布和年齡分布達到理想的狀況，但由於這樣的概念聽起來頗有「法西斯主義」的氣息，因此目前仍被視為禁忌。或許要等到一兩個世代之後才有可能實施（希望如此）。

這些傾向使得人類目光短淺。我們不太會去關心自己部落或國家以外的人，甚至很少想到後代（除了自己的兒孫之外）的福祉，更不會去顧慮其他動物（除了狗兒、馬兒等極少數被人類馴化、聽命於我們的動物夥伴之外）的景況。我們很清楚自己的這些毛病，只是不太願意承認。

我們的宗教、政治和商業領袖，大多都接受人類是由某個超自然存有創造的說法。他們縱使在私底下對此存疑，但在公開場合，他們並不願反抗宗教領袖的權威、引發民眾的情緒，因為他們是靠著民眾的支持，才得以掌權並享受種種特權。科學家原本可以幫助人們建立更實際的世界觀，但他們的表現尤其令人失望。他們多半有「自耕農」的心態，是知性上的侏儒，只想待在自己擅長的狹隘領域之內。

當然，人類的問題有一部分是因為地球的文明仍然年輕，尚未成熟，但主要還是因為我們的腦袋配備不足。我們所遺傳到的「人性」，乃是古人類和舊石器時代的祖先所遺留下來的特質。誠如達爾文所言，這是「我們身上不可抹滅的印記，顯示我們出身的卑微」。他曾經在一八七一年的《人類的由來》和一八七二年的《人與動物的情感表達》（*The Expressions of the Emotions in Man and Animals*）這兩本書中指出，人類的身體構造、面部表情與動物的相似性。其後，演化心理學家更進一步說明了生物的演化過程對兩性差異、兒童心智發展、階級地位、部落侵略行為，乃至膳食選擇等方面所造成的影響。

我曾在前文中提到：人性之所以演變成今日的面貌，還有一個更深層的原因，那便是擇汰作用發生的層級。自私的行為有利一個群體的成員和其他成員競爭，但通常對整個群體有害，這是屬於個人層級的擇汰。但群體層級的擇汰（群體與其他群體競爭時所產生的擇汰現象）則正好相反。群體中的個人所表現出的合作、利他行為，會使他在和其他成員競爭時比較吃虧，但卻會提高整個群體生存和繁衍的機率。簡而言之，個體擇汰會助長我們所謂的「罪惡」，而群體擇汰則會增進「美德」。其結果就是：除了精神障礙者（幸好他們的人數只占總人口的一％到四％）之外，我們每一個人都會面臨良心的衝突。

這兩股擇汰力量交互作用的結果，已經在我們的情緒與思維中留下了深刻、無法抹滅的烙印。存在於我們內心的這種衝突並非個人的不正常狀態，而是人類亙古以來的特質。老鷹、狐狸和蜘蛛等動物並不會這樣，因為牠們完全是個體擇汰的產物；螞蟻也不具備這種特質，因為牠們所表現出的社會特性全是受到群體擇汰的影響。

這兩股彼此互相消長的擇汰力量所形成的內在衝突，並不只是供理論生物學家深思的一個神祕題目。它並非我們心中善與惡的對抗，而是攸關人類生存的生物特徵。我們必須體認這一點，才能真正了解人類是怎麼一回事。由於古人類在演化過程中同時受到這兩股相反的擇汰力量影響，所以人類天生就有各式各樣的情緒反應，也因此我們的心情隨時都在變動：驕傲、好鬥、好勝、憤怒、記仇、奸詐、好奇、愛冒險、喜歡結黨營私、勇敢、謙卑、愛國、有同理心、有愛心等不一而足。只要是正常的人，都有卑鄙的一面，也有高貴的一面，而且兩者往往頻繁交替，有時甚至同時出現。

這種情緒上的不穩定是我們應該加以保存的特質，因為它是人性的本質，也是我們創造力的泉源。我們唯有了解人類本身的生物特性和心理特質，才能以更理性的態度進行規劃，打造我們的未來，使人類得以免於浩劫。我們必須學習節制自己的行為，但絕不能妄想要馴化人性。

生物學上有所謂的「可忍受的寄生蟲數量」（tolerable parasite load）的說法。這是一個非常有用的概念，它指的是，寄生蟲的數量雖然繁多，但還不到令人無法忍受的程度。幾乎每一種動植物身上都有寄生蟲，而所謂的「寄生蟲」就是住在這些動植物體表或體內的另一個物種。在大多數情況下，這些寄生蟲只會吃掉宿主身體的一小部分，不會致它們於死。因此，我們可以說，所謂「寄生蟲」就是一些會慢慢蠶食獵物的掠食者。所謂「可忍受的寄生蟲」指的是，那些已經進化到某種程度、懂得如何確保自己的生存與繁衍，但同時也盡量不讓宿主承受太大的痛苦或付出太大代價的寄生蟲。任何一個個體如果試圖要消滅所有可忍受的寄生蟲，將會是一件很不智的事情，因為這樣做會耗費太多時間，並且嚴重影響身體功能。如果你對此存疑，不妨想一想，你要如何消滅此刻或許（有大約五〇%

的可能性）正住在你眉毛根部的那些極其微小（幾乎要用顯微鏡才看得見）的蠕形蟎蟲（demodex mites）。此外，你那營養豐富的口水裡面，除了有益生菌之外，也住著幾百萬個不友善的細菌。

在社會生活中，人類這些與生俱來的破壞性特質，就好比是寄生在動植物身上的蟲子。降低它們對人類文化所造成的衝擊，就等於是減少「可忍受的教條數量」。關於這類教條，有一個顯而易見的例子便是人們所盲目信仰的超自然創世論。在現今世界上的大多數地區，要破除這些教條無疑將是很困難、甚至很危險的一件事。由於這些創世論能夠讓信徒順服宗教，並且讓他們覺得自己比其他宗教的信徒優越，因此已經和部落的政權牢牢地綁在一起。要破除這些教條，剛開始時或許可以客觀而詳細的檢視每一種創世論，並找出它們的歷史淵源。事實上，有許多學科已經開始這麼做了，只是它們的態度非常謹慎，進度也很緩慢。第二個步驟是，請各宗教和教派的領袖在神學家的協助下，公開為自己所相信的創世論做辯護，然後再分析這些創世論是在什麼樣的自然環境與歷史背景之下形成的。

在過去，如果有人像這樣質疑某些信仰的核心教義，大家都會認為他們是在褻瀆宗教。但在現今這個資訊較為發達的世界裡，我們大有理由可以反其道而行，指控那些宣稱自己可以和上帝對話，或代表上帝發言的宗教領袖和政治領導人，有褻瀆宗教之嫌。我們的目標是，把信徒個人的尊嚴置於那些要求他們無異議服從的信仰之上。最後，我們或許可以在福音派的教堂裡舉行以「歷史上的耶穌」為主題的研討會，甚至可以刊印穆罕默德的肖像而無須擔心送命。

如果真能如此，那將會是真正的自由之聲。對於目前世界各地充斥的各種教條式的政治意識形態，我們或許也可以採取同樣的辦法。這些形同宗教信仰的意識形態背後的論據全都一樣，先是提出一個看似合理的論述，接著便做出由上而下的解釋，然後再提出一份清單，列舉一些經過精心挑選、據稱能夠支持這個論述的證據。如果我們能請那些狂熱的政治分子和獨裁者說明自己所做的假設（「請說清楚好嗎？」），並證明自己的核心信念，他們的氣勢就會被削弱了。

在這些類似文化寄生蟲的現象中，最要命的是宗教信徒基於本身的信仰而否定進化論的行為。有大約二分之一的美國人（一九八〇年時，這個比例是四四%，到了二〇一三年時，上升到四六%，其中大多數是基督教福音教派的信徒）不相信進化論。全球各地也大約有一半的穆斯林持同樣的看法。身為創造論者，他們堅稱上帝或真主大手一揮（或揮個幾下）就創造了人類和其他生物。儘管有排山倒海的證據顯示生物的進化確實是事實，而且從分子、生態系統到地域各個環節緊緊相扣，但他們仍然視而不見。他們蓄意忽視科學界在田野調查中所觀察到的、各種正在進行的演化現象（科學家甚至已經發現了相關的基因）。或者應該說，他們把這方面的無知視為一種美德。此外，他們也無視於科學家們已經在實驗室中培育出新品種的事實。對信仰「創世論」的人士而言，演化論頂多只是一個尚未被證實的理論而已。有些人甚至認為它是由撒旦所創造出來，並透過達爾文及後世的科學家傳布，以期誤導人類的一個概念。年幼時，我曾經參加過佛羅里達州的一個福音派教會。那裡的人告訴我，撒旦在塵世的代理人都極其聰明，而且不達目的誓不甘休，但他們（無論男女）一個個都是騙子，因此，無論我聽到什麼，我都要用手摀住耳朵，緊緊追隨真正的信仰。

在民主社會裡，我們都有信仰的自由，那為什麼要把類似「創世論」這樣的概念稱為要命的文化寄生蟲呢？因為這代表盲目的宗教信仰戰勝了經過仔細驗證的事實。它並不是一個有事實根據、經過邏輯推演所形成的概念，而是人們為了要加入一個宗教團體而付出的代價之一。人們透過信仰來證明自己順服某位神祇，但事實上他們所順服的並非這位神祇，而是其他自稱代表這位神祇的凡人。

這樣的信仰對整個社會產生了巨大的影響。演化是宇宙間每個地方、每個層級的生物都會經歷的根本過程。分析這個過程對生物學（包括醫學、微生物學和農藝學）而言，具有無比的重要性。此外，我們如果不從演化的角度來追索心理學、人類學乃至宗教史，則無從了解其意義所在。因此，宣揚所謂的「創世科學」，並明確否定進化論的做法，可說大錯特錯，等於是成人把自己的耳朵摀住的一種行為。一個社會如果選擇以此種方式默許基本教義派的信仰，必將蒙受損失。

毫無疑問地，盲目的信仰會帶來一些好處。它會讓一個群體更加團結，使其成員得到撫慰，並發揚善心和守法精神。這些或許是使得人們較願意忍受教條的原因。然而，人們之所以會擁抱盲目的信仰，最根本的原因並非他們受到聖靈感召，而是他們渴望被團體接納。謀求群體福祉、捍衛群體地盤乃是人的生物本能，與鬼神無關。事實證明，除了在那些沒有宗教自由的社會之外，人們很容易改變宗教信仰、與異教徒結婚，甚至可以完全脫離宗教而不致喪失他們的道德感或好奇心（兩者同樣重要）。

人類的文化之所以無法提升，除了宗教的因素之外，也受到其他一些老舊觀念的影響。這些觀念聽起來似乎比較合理、崇高，但其實已經過時。其中最重要的一個便是：「科學與人文這兩大知識領域各自獨立，互不關聯。」有人甚至認為兩者的距離愈遠愈好。

我曾在前文中指出，儘管科學知識和技術目前仍呈幾何級數式的成長，每隔十到二十年（視學科而定）便增加一倍，但未來成長的速度勢必會減緩。科學家們做出原創性發現（這類發現已經為我們帶來了許多知識）的速度將會放緩，數量也會逐漸下滑。在未來幾十年內，科技領域的知識當然會比現在豐富許多，而且無論在世界上任何一個地方，它們的面貌都相同，唯有人文領域的知識會繼續發展並且愈趨多元化。事實上，如果人類有靈魂可言，這個靈魂必然是存在於我們的人文領域。

然而，這個領域（包括創造性藝術和相關的學術研究）的發展目前仍然受到限制，原因是人類的感官所能察覺到的事物極其有限，而人們普遍對此並無自覺。在世上數百萬個物種當中，人類大致上是仰賴聽覺和視覺，對其他大多數物種所生活的那個充滿味覺和嗅覺的世界並沒有知覺。有些動物是利用電場和磁場來確定自己所在的方位，並與同類溝通，但我們對這些電場和磁場也渾然不覺。即便在我們這個屬於視覺和聽覺的世界裡，我們也和盲人、聾子差不多，只能直接感知電磁波譜中極微小的片段，更無法完全接收到透過土壤、空氣和水所傳送的壓縮波。

這類的例子不勝枚舉。創造性藝術所探討的內容雖然無窮無盡，但實際上，其中所呈現的人類原型和本能很少。引發這類創作——即便是那些極有影響力的作品——的情感只有寥寥幾種，甚至比一個規模齊全的管絃樂團的樂器還少。藝術家和人文學者大致上並不太了解，地球有生命和無生命的世界中存在著無限的時空連續體，對於太陽系和宇宙其他地方的連續體所知更少。在他們眼中，人類是一個非常獨特的物種。這個觀點並沒有錯，但問題在於，他們鮮少思考這個事實所代表的意義或何以如此。

的確，科學和人文這兩個領域有根本上的差異。它們所用的語言、所做的事情都不相同，但它們最初是相輔相成的，而且同樣都是人類大腦所創造出來的產物。如果我們能將擅長探索與分析的自然科學，與注重內省與創意的人文領域相結合，則人類在未來必將更有成就，我們的存在也將具有更精彩的意義。

附錄

總括生殖成就理論的缺陷

解釋生物如何發展出利他主義，並形成高等社會組織的遺傳理論，是很重要的一種理論，而且最近相關的爭議甚受矚目，所以我特別在此處附上我們最近所做的有關總括生殖成就理論的分析，並說明這個理論為何應該被有數據佐證的族群遺傳學所取代。這份資料來自我們先前所發表的一份研究報告，但刪除了其中數學分析和參考資料的部分。這篇文章在發表之前曾經經過專家嚴密的審查。

請參考："Limitations of Inclusive Fitness", by Benjamin Allen, Martin A. Nowak, and Edward O. Wilson, *Proceedings of the National Academy of Sciences USA*, volume 110, number 50, pages 20135-20139 (2013)。

意義

總括生殖成就理論的概念是：生物的某個特性能夠被遺傳下去的機率，乃是該特性適合環境的程度乘以親緣係數的總和。最近有些數學分析報告已經證明總括生殖成就理論有其缺陷，但支持它的人士宣稱，這個理論就像擇汰理論一樣可以一體適用，而他們的做法是用線性迴歸法來將個體的生殖成就分成兩個部分，一部分與自我有關，另一部分與他人有關。但我們要證明這種方法無法預測或詮釋演化過程。最重要的是：這種方法無法區分「相關性」（correlation）與「因果關係」（causation）的差異，造成對簡單情境的錯誤詮釋。此一弱點凸顯了整個總括生殖成就理論的缺陷。

在過去，總括生殖成就理論一直被公認是解釋社會行為如何演化的通則，但在此，我們要證明我們先前所做的批評，並詳細說明為何我們認為總括生殖成就理論有其侷限，只能用來解釋一小部分的演化過程。這個理論主張，個體生殖成就是個體的行動所造成的各種結果的總和。但就大多數的演化過程或演化情境而言，這個假說並不成立。主張總括生殖成就理論的人士為了迴避這個侷限，提出了一個運用線性迴歸的方法。他們以此方法為基礎，聲稱總括生殖成就理論：（1）可以預測等位基因頻率改變的方向；（2）顯示這些改變的原因；（3）如同擇汰理論一樣可以廣泛適用；（4）提供可以一體適用的演化法則。在這篇文章中，我們將評估這些說法，證明它們全都沒有事實根據。要分析改變社會行為的基因突變是否會在演化過程中留存下來，並不需要用到總括生殖成就理論的任何一個部分。

總括生殖成就是用來解釋生殖成就在社會演化過程中的影響。這個理論是W．D．漢彌爾頓在一九六四年提出來的。他指出，在若干情況下，總括生殖成就最高的生物便能夠在演化過程中存活下來。後來的科學家們便將這個結果視為演化的法則，認為生物演化行為的目的似乎是在盡量提高其總括生殖成就。

漢彌爾頓對總括生殖成就的定義如下：

我們可以把總括生殖成就想成是，個體在生出成年子代方面實際表現出的個體生殖成就，以某種方式先削減再增加之後，所得出的結果。此處被減掉的是，所有可能由社會環境所造成的部分，只留下個人在不受該環境的任何影響（無論好的或壞的）之下時，會表現的生殖成就，然後再以此一個體對它周遭個體的生殖成就所造成的正、負影響量的若干分數來加權。這裡的分數是指，它和它所影響的個體之間的親緣關係係數：如果兩者的基因一模一樣，則此係數為一；若兩者為手足關係，則此係數為二分之一；若為同父異母或同母異父的手足，則此係數為四分之一，若為表堂兄弟姊妹則為八分之一……若兩者之間幾乎沒有親緣關係，則此係數為零。

現代的總括生殖成就理論除了使用不同的親緣關係係數之外，其餘部分仍舊沿用漢彌爾頓的定義。

此處的關鍵在於，他們假定個體的生殖成就可以分成由個人的行動所導致的幾個部分。某一個體的個體生殖成就要減去所有由「社會環境」所造成的部分。這表示，我們必須從總括生殖成就中減去每一個由其他個體所造成的影響。接著，我們還必須計算此一個體如何影響該族群中所有其他個體的個體生殖成就。在這兩種狀況下，我們都必須假定，個體生殖成就可以用個體行動所造成的各種影響的總和來表示。而總括生殖成就則是這些行動對行動者的影響，加上這些行動對其他個體的影響，再乘以行動者與其他個體之間的親緣關係。

這個假定乃是總括生殖成就理論的要件。但很明顯的，它並不一定能一體適用。舉例來說，某一個體的個體生殖成就，有可能是其他個體所採行動的非線性函數。此外，一個個體的存活與否，可能必須仰賴好幾個其他個體同時行動；

舉例來說，蟻后是否能夠成功地繁衍子嗣，可能必須仰賴幾群各有專精的工蟻彼此協調的行動。有些實驗已經發現，微生物的合作行為對自己生殖成就所造成的影響是無法加總的。顯然就整體而言，我們不能假定生殖成就的影響是可以加總的。

總括生殖成就理論的兩個方法

在有關總括生殖成就理論的文獻中，有兩個方法被用來處理有關「可加總性」（additivity）的侷限。第一個方法是，只注意那些具有可加總性的簡化模式。舉個例子，漢彌爾頓最初所提出的總括生殖成就理論就假定，生殖成就影響是可以加總的。此外，由於他假定基因突變對「表現型」（phenotypes）只有很小的影響，而且生殖成就的高低會隨著不同的「表現型」而穩定變化，則生殖成就影響自然具有可加總性。

M·A·諾瓦克（M. A. Nowak）、C·E·塔妮塔（C. E. Tarnita）和E·O·威爾森（E. O. Wilson）探究了第一個方法的數學基礎。他們的研究顯示，這個方法除了生殖成就影響的可加總性之外，也需要做一些有限定性的假設，因此只適用於一部分生物的演化過程。然而，他們的論文發表後，卻有一百多位學者簽署了一份共同聲明，宣稱「總括生殖成就理論就像物競天擇的遺傳理論一樣，可以一體適用」。我們該如何解釋這個明顯的矛盾？

答案是，上述的聲明是以第二個方法為基礎。而這個方法是以回溯的方式來處理可加總性的問題，也就是說：他們必須一開始就知道演化過程的最終結果，然後努力找出導致這個結果的各種成本與利益的總和，無論這些成本與利益的考量是否符合生物實際互動的情況。他們用線性迴歸法決定成本（C）和利益（B），然後以BR-C（R代表親緣關係密切的程度）的形式，算出基因頻率

（gene frequency）的改變。這個方法是漢彌爾頓在首次發表總括生殖成就理論之後所提出來的，後來經過改良，成為以漢彌爾頓的模式算出基因頻率的改變的方法。

許多學者之所以宣稱，總括生殖成就理論不僅有效並且能夠一體適用，都是以這個線性迴歸法為基礎。舉個例子，他們往往宣稱，線性迴歸法使得總括生殖成就理論不一定需要有可加總性。此外，他們也宣稱，這個方法可以預測出演化的方向，並可以用量化的方式，使我們理解有親緣關係的夥伴之間進行的社會互動，所導致的任何基因頻率上的改變。

我們要在此評估這些說法的正確性。我們要問：在面對演化上的某一個改變時，線性迴歸法可以告訴我們什麼？我們的研究顯示，有關線性迴歸法可以預測並解釋演化過程的說法並不正確；有關它可以全面適用的說法也沒有意義，無法被評估。因此，總括生殖成就理論為演化過程提供了一個放諸四海而皆準的通則，這個概念是令人質疑的。事實上，這樣一個通則根本就不存在。

線性迴歸法無法預測結果

現在我們要開始評估有關線性迴歸法的各種說詞。首先，我們要針對的是「它可以預測演化方向」的說法。這個說法不可能是正確的，因為他們一開始就已經說明，他們所觀察的這段時間內等位基因的頻率所發生的變化，因此所謂的「預測」只是重述他們已經知道的事情，以便讓BR-C所得出的值和預設的結果一致罷了。

此外，線性迴歸法也無法預測，在不同長短的期間或不同的情況下會發生什麼狀況。只要他們所觀察的情境或時間的長短有任何變動，他們就必須重新說明一開始的數據，並再次使用線性迴歸法，結果便會產生一個新的結果。

線性迴歸法之所以無法預測結果，其實並不令人意外。就邏輯上而言，除非事先假定一個過程會如何發展，否則不可能預測它的結果。在沒有任何建模假設（modeling assumption）的情況下，他們只能以另一個形式來改寫已知的數據。

研究人員已經注意到線性迴歸法無法預測結果的事實。最近有些科學家在研究大腸桿菌如何合作製造抗藥性物質時，曾經使用線性迴歸法。他們的結論是：「即使我們已經測量了某個包含製造者與非製造者的體系中的B、C和R值，我們仍然無法預測，如果改變族群結構或個體的生化特性，會造成什麼樣的結果。」

線性迴歸法無法解釋因果關係

現在我們要評估線性迴歸法是否具有解釋能力。現有的文獻似乎在這一點上仍有歧異。有些學者宣稱，線性迴歸法可以解釋基因頻率改變的因果關係，有些則僅宣稱，它在概念上提供了有用的協助。除此之外，以線性迴歸法所得出的量通常是以社會行為——例如利他行為和惡意刁難——來表示，使得這些量蒙上了一層因果關係的色彩，即便他們並未直接說明其中的因果關係。

然而，「線性迴歸法可以找出等位基因頻率改變的原因」的說法不可能是正確的，因為線性迴歸法只能確認相關性，而相關性並不代表因果關係。除此之外，由於線性迴歸法的目標是要找出各種社會行為對生殖成就的影響，並將它們加總起來，使其結果符合已知數據，因此當各種社會互動行為並不具有可加總性，或當生殖成就的變動是由其他因素所導致時，這種方法可能會導致錯誤的結果。根據這個原則，我們在此要假設三種情況，並證明在這些情況中如果使用線性迴歸法，將無法找出基因頻率改變的確實原因。

我們所假設的第一種情況是：某些個體由於擁有「攀龍附鳳」的特性，會設法尋找生殖成就高的個體並與他們互動。我們認為，這類互動對生殖成就並沒有影響。然而，這種攀龍附鳳的行為會使得「生殖成就的高低」與「有一個攀龍附鳳的夥伴」產生正相關，因此如果用線性迴歸法將會得出B＞0的結果。根據他們的詮釋方式，這代表那些攀龍附鳳的個體具有合作精神，會讓他們的夥伴具有很高的生殖成就。然而，這樣的解釋是倒果為因，因為是高生殖成就造成這些互動，而非這些互動導致高生殖成就。

我們在許多生物體系當中都可以看到這種攀龍附鳳的行為，只是表現的形式不同。一隻鳥可能會選擇加入一對高生殖成就鳥兒的窩巢，希望有朝一日能夠繼承這個窩巢。同樣的，一隻具有社會性的黃蜂如果有生殖成就很高的親代，或許會更願意待在父母的窩巢中，以便能夠繼承窩巢。如果在這些情況下採用線性迴歸法，將會使人把那些純粹自利的行為錯誤解讀成合作的行為。

第二個例子是「嫉妒」的特性。懷有嫉妒心的個體會去找那些具有高生殖成就的夥伴並加以攻擊，以期降低後者的生殖成就。我們認為攻擊者會因此付出很大的代價，但他們的攻擊行為效果不大，因此那些受到攻擊的個體在被攻擊之後，仍然會具有高於平均值的生殖成就。這時如果採取線性迴歸法，會得出B, C>0的結果，顯示那些懷著嫉妒心的個體付出很高的代價表現出合作的行為。這樣的詮釋也是錯誤的：那些攻擊行為是有害的。他們之所以和生殖成就有著正相關，是因為攻擊者所選擇的互動夥伴有高生殖成就，而且他們的攻擊行為沒有什麼效果。

第三個例子是「照顧者」特性。一個照顧者會設法尋找那些生殖成就低的個體，並不惜代價試圖去提高他們的生殖成就。然而，我們認為這樣的協助效果不大，因此那些受到幫助的個體，其生殖成就仍然低於平均值。這時，如果採用線性迴歸法，會得出B＜0、C＞0的結果，顯示此一個體的生殖成就仍然很低的現象，是照顧者不惜代價加以破壞的結果。但這樣的解讀是錯誤的。

「沒有假設」的方法

最後，我們要評估「總括生殖成就就像自然擇汰論一樣一體適用」的說法。這種說法的論點是，由於線性迴歸法可以應用於任何一種等位基因頻率改變的狀況（無論實際造成此一改變的原因為何），因此每一個演化過程當然都可以用總括生殖成就理論來解釋。

然而，正如我們先前所看到的，線性迴歸法只能告訴我們「事情就是這樣」

（just-so story），既無法預測、也無法解釋任何演化情境。當然，或許有某些案例可以用線性迴歸法得出正確的因果關係；也可能在某些案例中，一個情境所得出的結果大致上也適用於其他若干情境。然而，線性迴歸法並未提供任何標準來辨識這些案例。事實上，要擬定這樣的標準，就必須要對這種方法的基本程序再做一些假設。如果沒有這些假設，線性迴歸法所得出的結果並無法回答任何有關該情況的問題。因此，總括生殖成就理論可以一體適用的說法，是沒有意義的。

總括生殖成就理論之所以不實用，並非因為技術上的疏忽所致，而是有關人士試圖把漢彌爾頓的法則延伸應用到每一個演化過程。我們可以理解這樣的衝動，因為漢彌爾頓最初提出的公式確實很吸引人。然而，一個理論架構的效力來自它所做的假設，因此一個沒有任何假設的理論自然無法預測或解釋任何事情。正如維根斯坦（Wittgenstein）在他的《邏輯哲學論》（*Tractatus Logico-Philosophicus*）中所言，任何適用於所有情況的陳述，都不會包含有關特定情況的明確資訊。

沒有一體適用的法則

總括生殖成就的概念之所以產生，是因為人們試圖在個體演化的層次上解釋社會行為演化的原因。舉個例子，總括生殖成就理論想要從工蟻不孕來解釋牠們之所以存在的原因。他們的說法是：工蟻之所以沒有生育自己的後代，反而幫忙蟻后撫育孩子，是因為這樣可以讓牠們的總括生殖成就達到最高的程度。

他們認為，總括生殖成就最高者才可以在演化過程中存活下來，而這個法則適用於所有的演化過程。這種說法是根據漢彌爾頓和亞倫．葛瑞芬（Alan Grafen）所分別提出的論點。前者認為，為了演化，一個族群會盡量提高它的平均總括生殖成就。後者認為，進化的生物所表現出來的行為，都彷彿是要盡量提高它們的總括生殖成就。這兩個論點都取決於一些限制性的假設，包括生物行為對生殖成就的影響具有可加總性，但實驗結果已經證明，在現實世界的生物族群中，生物行為對生殖成就的影響是無法加總的，因此我們無法期待這些結果可以一體適用。此外，已經有若干理論和實驗顯示，取決於頻率的擇汰過程，可能會導致一些複雜的動態現象，例如多重和混雜的平衡狀態、極限環（limit cycle）和混沌吸子（chaotic attractors）等，排除了普遍極大化（general maximands）的可能。因此，一般來說，演化並不會導致總括生殖成就或任何其他量的極大化。

面對演化理論的常識性做法

所幸，我們並不需要依靠一體適用的極大化現象或法則，來了解社會行為的演化過程。相反的，我們可以採取一個直截了當的方法：考量那些會改變社會行為的基因突變。這些突變會在哪些情況下被大自然所揀選或淘汰？擇汰的對象並非生物個體，而是影響行為的等位基因或基因體組合。

要從理論上探究這些問題，我們需要做一些可以建立模式的假設。這些假設可以非常明確，只適用於特定的生物情境，也可以很廣泛，可以適用於各種情境。最近已經出現了一些根據籠統（但明確）的假設所發展出的建模架構。它們是很強大的工具，可供我們研究不同空間、不同生理構造的族群的演化；連續性狀（continuous trait）的演化，以及總括生殖成就理論本身（在生殖成就的影響可以加總、其他條件也能滿足的案例中）。儘管我們可以用這些架構來獲得普遍性的結果，但其中沒有一個是可以一體適用或不含任何假設的。相反的，這些架構要依靠它們的假設，來針對它們所適用的體系做定義清楚、可被驗證的預測。

討論

總括生殖成就理論試圖為個體層面的演化找到一個一體適用的法則，但結果卻只得出一個無法觀察到的量，而且這個量要不就是大致上並不存在（如果有必要加總的話），要不就是無法用來預測結果或解釋原因（如果使用線性迴歸法的話）。如果我們改從遺傳學的角度提出一個問題：「那些改變社會行為的等位基因，是否會在演化過程中留存下來或遭到淘汰？」就不需要用到總括生殖成就理論了。

幾十年來，由於總括生殖成就理論成了主流，社會生物學方面的研究一直遲遲沒有進展。合理的批評和替代性的方法一直受到打壓。此外，由於該理論的支持者試圖以線性迴歸法規避有關可加總性的要求，更是造成了邏輯上的混亂，以及「此一理論可以一體適用」的不實說法。總括生殖成就理論中採用可加總性的合理計算方法，固然可以解釋在少數情況中生物社會行為對其生殖成就的影響，但這個方法一來沒有什麼必要性，二來也往往太過累贅複雜。演化生物學上沒有任何一個問題非得用總括生殖成就理論來分析不可。

在明白總括生殖成就理論的侷限之後，社會生物學便有可能往前邁進。我們希望有人能根據他們對自然史的扎實知識，發展出實際可行的模式。在族群遺傳學、演化的賽局理論（evolutionary game theory）的協助之下，再加上未來可能發展出的新分析方法，未來有可能會出現一個強而有力、能經得起考驗的社會生物學理論。

謝詞

感謝約翰・泰勒・威廉斯（John Taylor〔Ike〕Williams）對我的堅定支持與忠告。感謝羅伯特・威（Robert Weil）在本書（以及我先前由諾登出版社〔W. W. Norton〕所出版的幾本書）的編輯作業上所給予的指導。也感謝凱思林・M・霍登（Kathleen M. Horton）在研究、編輯和文稿的準備上，所給予的寶貴協助。

第二章〈解開人類之謎〉是由筆者於二〇一三年二月二十四日發表在《紐約時報》意見欄（*The New York Times Opinionator*）的〈人類之謎〉（The Riddle of the Human Species）一文修改而成。第三章〈演化與我們的內心衝突〉，也是由筆者於二〇一二年六月二十四日在《紐約時報》意見欄所發表的同名文章修改而成。第十一章〈生物多樣性的崩壞〉，則是自《經濟學人》二〇一三年十一月號

「二〇一四年的世界」（The World in 2014）中的〈提防孤寂的時代〉（Beware the Age of Loneliness）一文修改而成。

人類存在的意義

一個生物學家的思索

The Meaning of Human Existence

作　　者　愛德華・威爾森（Edward O. Wilson）
譯　　者　蕭寶森
封面設計　萬勝安
內頁版型設計　呂德芬
責任編輯　張海靜、劉素芬
行銷業務　王綬晨、邱紹溢
行銷企畫　曾志傑
副總編輯　張海靜
總 編 輯　王思迅
發 行 人　蘇拾平
出　　版　如果出版
發　　行　大雁出版基地
地址　台北市松山區復興北路 333 號 11 樓之 4
電話　02-2718-2001
傳真　02-2718-1258
讀者傳真服務　02-2718-1258
讀者服務信箱 E-mail　andbooks@andbooks.com.tw
劃撥帳號　19983379
戶　　名　大雁文化事業股份有限公司
出版日期　2021 年 5 月 初版
定　　價　360 元
ISBN　978-986-06523-1-4

歡迎光臨大雁出版基地官網
www.andbooks.com.tw
訂閱電子報並填寫回函卡

國家圖書館出版品預行編目（CIP）資料

人類存在的意義：一個生物學家對生命的思索 / 愛德華 . 威爾森 (Edward O. Wilson) 著 ; 蕭寶森譯 . -- 二版 . -- 臺北市 : 如果出版 : 大雁出版基地發行 , 2021.05
面； 公分
譯自 : The meaning of human existence
ISBN 978-986-06523-1-4(平裝)
1. 哲學人類學
101.639　　110006781